garten
kurz & gut

Engelbert Kötter

Schnecken

im NATURNAHEN GARTEN

av BUCH

Inhalt

Vorwort

Willkommen, Mensch, im Paradies!

Willkommen, Mensch, im Paradies!
So einfach, kurz und bündig hieß
die Formel einst für Lebensglück.

Als Eva dachte: „Ach, ich pflück
die Frucht mir vom verbot´nen Baum",
erlosch dies Glück, jetzt Menschheitstraum.

Der Cherub nämlich, dienstbeflissen,
hat auf Geheiß sie rausgeschmissen
aus diesem Gottesgarten Eden.

Wir müssen heute damit leben.
Was müh´los einst entspross der Erden,
muss mühsam nun erackert werden.

Statt sich im Paradies zu rekeln,
muss man sich jetzt vor Schnecken ekeln.
Statt Feigenblatt, wie man es kennt,

plagt man sich heut im Feinripp-Hemd.
Sein Brusthaar quillt, der Adam schwitzt,
derweil er tief im Unkraut sitzt.

Eva rackert am Balkon:
Frau, das hast Du nun davon!
Statt unbeschwert den Herrn zu loben,

plagt sich der Mensch mit schwerem Boden;
träumt von der Ros´, doch müht den Spaten,
willkommen, Mensch, in Deinem Garten!

Engelbert Kötter
im März 2014

(Foto: LianeM/fotolia.com)

Schnecken?

Das ist ja interessant!

Schnecken – gar nicht so schrecklich

Hilfe – eine Schnecke! Ob Kapuzinerschnecke, die fälschlicherweise immer noch als Spanische Wegschnecke bezeichnet wird, Gartenschnirkelschnecke oder Weinbergschnecke, einer Schnecke in ihren Beeten zu begegnen, ruft beim Gros der Freizeitgärtner mittlerweile nahezu spontan die Reaktion hervor: „Die muss hier weg – sofort". Denn die Schnecke ist DAS Feindbild des Gärtners schlechthin. Es rangiert noch weit vor Blattlaus und Maulwurf: Maulwürfe kann man vergällen, Blattläuse werden irgendwann von den Meisen oder anderen Nützlingen gefressen – aber Schnecken? Nee, geht gar nicht! Schnecken passen nun einmal nicht in den Garten, weil sie schließlich Pflanzen anknabbern oder die Jungpflanzen von Salat, Tagetes & Co. gleich ganz und gar vertilgen. Und weil der Garten eine in Kultur genommene Vegetationsinsel innerhalb der Natur ist, hat in ihm automatisch der Mensch mit seinen Anbaubedürfnissen für Kulturpflanzen das Sagen.

Es kommt auf die Perspektive an

Ist dieser Reflex berechtigt? Zunächst einmal ja, denn Schnecken sind dort schädlich, wo sie Arbeit und Ernte des Menschen zunichtemachen. Es kommt aber auf die Perspektive an. Sind sie einerseits Gartenschädlinge, so sind Schnecken andererseits ein faszinierender Teil der Schöpfung. Wer hat nicht in seiner Kindheit – und damit noch unbefangen jeglicher möglicher Gartenschäden – Schneckenhäuser gesammelt, gehortet und immer wieder fasziniert betrachtet? Oder im Kreise der Spielkameraden mit den Weichtieren Wettrennen veranstaltet? Diese Erinnerungen und Gefühle will dieses Buch durchaus wieder wachrufen. Es soll Ihr Interesse an den Gartenmollusken wecken und zum Hinschauen einladen. Es will den Blick weiten darauf, dass Schnecken durchaus eben auch ihr Kulturelles und Kulinarisches, ihr Humorvolles und Lyrisches und nicht zuletzt einen Erlebniswert für die ganze Familie haben. Eines der ersten lebenden Tiere in der Obhut von Kindern können Schnecken sein!

Um es klar zu sagen: Wo im Garten Schnecken stören, gilt es in diesem Buch aufzuzeigen, was Sie – ganz praktisch – gegen sie unternehmen können. Darüber hinaus möchte Ihnen dieses Buch das Staunen zurückschenken. Das Staunen über diese Jahrmillionen alte Tierklasse und ihre Einbettung in die freie Wildbahn und seine Ökologie, bis hin zu demjenigen Fleckchen gezähmte Natur, das Sie als Ihren Garten betreten.

Schnecken – im Ökosystem Garten

Beim genaueren Hinsehen auf Schnecken im Garten zeigt sich, dass – wie alles im Leben – auch Schnecken im Garten mit Maß und Ziel zu betrachten sind. Je stärker Ihr Garten ertragsorientiert ist, desto strenger ist es möglicherweise erforderlich, gegen Schnecken vorzugehen. Aber es gilt eben auch zu unterscheiden. Hinzu kommt: Je intensiver die Gartenbeete in Kultur genommen sind, desto weiter entfernt sich der Garten davon, in den natürlichen Kreislauf der Natur eingebettet zu sein und umso störender ist dann die eine oder andere Schnecke. Im naturnahen Garten gehören Schnecken, seien es Nacktschnecken oder auch Gehäuseschnecken, mit dazu, um Laufkäfer, Spitzmaus oder Igel und weitere Mitgeschöpfe in der Nahrungskette zu ernähren. Ähnlich einem Heimtier, betrachtet jeder Gartenbesitzer Gartenteichfisch, Igel und Co. in seinem grünen Wohnzimmer als hoch willkommen. Sie sind aber nur dort dauerhaft zugegen, wo sie sich ernähren können.

Eine differenzierte Betrachtung von Schnecken tut also not, weil nicht jede Art gleichermaßen bedeutender Gartenschädling ist.

Je stabiler die ökologische Nische Garten den passenden Nützlingen Raum gibt, desto weniger ausufernd gestaltet sich dort das Vorkommen von Nackt- und Gehäuseschnecken. (Foto: Ingo Bartussek/fotolia.com)

Farbenvielfalt der Hain-Bänderschnecke oder Hain-Schnirkelschnecke. (Foto: M. Großmann/pixelio.de)

In den seltensten Fällen nämlich treten Weinbergschnecke (*Helix pomatia*) und Gartenschnirkelschnecke (*Cepaea hortensis*) in einer Anzahl oberhalb der Schadschwelle im Garten auf. Von Bekämpfungsmaßnahmen sind „die Netten unter den Schnecken" aber unweigerlich mit betroffen.

Schnecken im Gartenteich

Im Wassergarten sind Sumpfdeckelschnecke (*Viviparus*), Posthornschnecke (*Planorbis corneus*) und Stumpfe Blasenschnecke (*Physa fontinalis*) durchaus gern gesehene Mitbewohner. Dort verwerten sie Algen und pflanzliche Abfälle. Spitzschlammschnecken (*Lymnaea stagnalis*) fressen lebende Pflanzen und sind darüber hinaus auch Krankheitsüberträger. Diese werden deshalb als Schadschnecken eingestuft.

Was sind Schnecken? Und wie „ticken" sie?

Was für Unterschiede gibt es und auf welche Weise leben Schnecken? Das zu wissen und zu verstehen ist nicht nur spannend, es weckt auch buchstäblich das Verständnis für diese Tiere – und erleichtert es Ihnen im Umkehrschluss, sie umso zielgerichteter dort zu bekämpfen, wo das erforderlich ist. Auch wenn Sie auf natürliche Fressfeinde (siehe S. 58 ff.) setzen, kommt Ihnen das Wissen über die Lebensweise und die Funktion der Schnecken zugute.

Im zoologischen Stamm der Weichtiere (Mollusca) bilden die Schnecken eine eigene Klasse. Vergleichsweise so, wie im Stamm der Gliedertiere jeweils die Insekten, Spinnentiere und Krebstiere eine eigene Klasse bilden, im (Unter-)Stamm der Wirbeltiere die Vögel, Lurche oder Säugetiere das tun.

Daraus ergibt sich die Feststellung: Jede Schnecke ist eine Molluske, aber nicht jede Molluske eine Schnecke. Denn neben den Schnecken bilden zum Beispiel die Muscheln und die Tintenfische ebenfalls eine Mollusca-Klasse. Mit dieser schnellen Übersicht ist aber auch schon nahezu das Ende des einfachen geordneten Verstehens einer zoologischen Schneckensystematik erreicht. Früher orientierte man sich an Äußerlichkeiten. Erst seit Kurzem stehen ultrastrukturelle und molekulargenetische Merkmale zur Verfügung. Auch wenn eine befriedigende Grobsystematik bereits steht, müssen viele Details noch geklärt werden. Aus praktischen Gründen ist daher die veraltete Einteilung der Schnecken in Vorderkiemer, Hinterkiemer und Lungenschnecken an dieser Stelle weiter sinnvoll.

Was aber sind Vorderkiemer, Hinterkiemer und Lungenschnecken? Während die ersten beiden ihren Sauerstoff über Kiemen tanken, folglich an Wasser gebunden sind, atmen die Lungenschnecken über etwas Lungenartiges. Wieder einmal nötigt es an dieser Stelle dem Betrachter von Schnecken zumindest Respekt ab, wie lebenstüchtig die Vielzahl der Schneckenarten ist.

So leben Schnecken

Beispielsweise lebt die heimische Sumpf-Schlammschnecke (*Stagnicola palustris*) zwar in langsam fließenden Gewässern und Tümpeln bis hin zum naturnahen Schwimm- und Gartenteich, ist aber als Lungenatmer in der Lage, das Wasser für geraume Zeit zu verlassen, und zwar ohne Gehäuseverschluss. Den wiederrum muss sich nämlich der Kiemenatmer Sumpf-Deckelschnecke (*Viviparus viviparus*) an Land zulegen, um zu überleben. Im Gegenzug gibt es andererseits mit Arten wie der Posthornschnecke (*Planorbis corneus*) und Tellerschnecken-Gattungen (*Armiger, Bathyomphalus, Spiralina, Tropidiscus*) heimische Lungenschnecken (wie sie doch typischerweise das Land besiedeln), die im Wasser leben. Nur müssen diese an den Lebensraum Wasser angepassten Lungenschnecken dort gelegentlich zum Atemholen an die Wasseroberfläche kommen.

Eines wird schon bei dieser kurzen Betrachtung deutlich: Eine beiläufig schnell mal zertretene Schnecke ist, zoologisch gesehen, also durchaus etwas komplexer angelegt, als wir normalerweise denken, und sollte nicht nur auf ihr Dasein als Gartenschädling reduziert werden. So viele erstaunliche Details tauchen plötzlich aus dem verschleiernden Nebel des Nichtwissens über Schnecken auf, dass es sie dort, wo sie kriecht, zu einem neugierig machenden Etwas avanciert. Und das wissensdurstige Interesse an Schnecken wächst noch weiter, betrachtet man Aufbau und Struktur von Schnecke und Schneckenhaus, von Kreislauf, Nervensystem und Verdauungssystem dieser Tiere, schaut man näher auf ihre Lebensweise und ihr faszinierendes Fortpflanzungsverhalten.

Beste Anpassung

Bedenkt man ihre zoologische Stellung im Tierreich, sind Schnecken vergleichsweise weit entwickelte Tiere, die mit einem Nerven- sowie Herz-Kreislauf-System, dazu mit Organen wie Magen, Leber und Niere recht hoch entwickelt sind. Es ist geradezu faszinierend, wie exzellent sie in ihrer anatomischen Ausstattung an ihre Lebensweise angepasst sind.

Aus dem Schneckengehäuse ragt der runzelhäutige, lang gezogene Kriechfuß des Tieres, mit seiner Kriechsohle an der Unter-(also Bauch-)seite. Der Kriechfuß enthält zahlreiche längs und quer verlaufende Einzelmuskeln, mit denen der dahinkriechende „Bauchfüßler“ (Gastropode) seinen wellenförmigen Fortbewegungsrhythmus in Gang setzt.

Runzelig ist die Haut, weil in den Kapillaren zwischen den Runzeln Wasser haften und sich über die Haut verteilen sowie von ihr aufgenommen werden kann. Der Kopf ist vom Kriechfuß äußerlich nicht abgesetzt. Schnecken mit vier Fühlern tragen am Ende des längeren Paares Augen, die unteren dienen weiterer Sinneswahrnehmung, wie dem ausgeprägt entwickelten Riechvermögen. Bei zweifühlerigen Schnecken sitzen die Augen an der Fühlerbasis.

Mit und ohne Gehäuse

Auf dem Rücken der Schnecke stülpt sich der Eingeweidesack aus, der alles Gekröse und die Geschlechtsorgane enthält. Dieser Sack ist umhüllt von einem Gewebe, das Mantel genannt wird und in der Lage ist, das um diesen Mantel herum liegende Gehäuse zu bilden – und es sogar, bei Beschädigungen, von innen heraus zu reparieren. Mit einem innen am Gehäuse angewachsenen Retraktionsmuskel kann die Schnecke ihren Kriechfuß bei Gefahr oder Trockenheit komplett ins Gehäuse ziehen und dessen Eingang mit dem Mantelgewebe versperren.

Bei Nacktschnecken ist das Gehäuse zurückgebildet, nur der Mantelschild mit seinem Atemloch erinnert noch an den ehemaligen Mantel. Bei den meist zwittrigen Schnecken sind die Geschlechtsorgane komplex organisiert.

Schnecken sind für Kinder faszinierende Lebewesen. (Foto: Gerhard Bittner/fotolia.com)

Was Schnecken wollen

Die Haut der Schnecken schützt sie nicht vor Verdunstung. Für Gehäuseschnecken ist das weniger problematisch, weil sie sich in ihr Schneckenhaus zurückziehen und Trockenperioden so überdauern können. Nacktschnecken sind da schlimmer dran. Von der Großen Wegschnecke (*Arion ater*) ist bekannt, dass sie bereits in tödliche Austrocknungsgefahr gerät, sobald sie von den gut über 80 Prozent Wassergehalt ihres Körpers 20 Prozent eingebüßt hat. Weil sie über ihre Oberfläche also permanent Wasser abgeben, haben speziell Nacktschnecken nur dann eine Überlebenschance, wenn sie durch Trinken von Tau und Regen sowie den Verzehr entsprechender Nahrung (Pflanzen, Aas) ständig für Feuchtigkeitsnachschub sorgen – und wenn sie sich so verhalten, dass sie nie aus dem erforderlichen Feuchtigkeitsminimum hinausrutschen. Und eben hier liegt der Übergang vom Schneckenverstehen zur handfesten gärtnerischen Praxis: Es ist die verfügbare Feuchtigkeit in ihrem Lebensraum, die darüber entscheidet, wie Schnecken sich verhalten und wann sie wo im Garten anzutreffen sind: Sie sind immer dann aktiv, wenn die Kombination von Temperatur und Luftfeuchtigkeit für sie günstig ist. Das gilt für die jeweils aktuelle Wetterlage ebenso wie für diejenigen Bedingungen, wie sie das Kleinklima vor Ort in einer Gartensituation erzeugt, vom schattigen Plätzchen über das modernde Holz beim Komposthaufen bis hin zur feuchten Rückseite des großen Stein- und Sandhaufens, dessen warme Vorderseite eigentlich den Wildbienen, Blindschleichen und Eidechsen zugedacht war.

Schnecken sind „cool" drauf

Bekanntlich sind Schnecken wechselwarme Tiere. Weil sie ihre Körpertemperatur also nicht aktiv über den eigenen Stoffwechsel aufwärmen, sondern ihre Betriebstemperatur aus der Umgebungswärme beziehen, sind sie in ihrer Beweglichkeit unmittelbar von dieser Umgebungstemperatur abhängig. Für Nacktschnecken etwa liegt das Temperaturoptimum um die 15 bis 20 Grad Celsius. Zusammen mit der Anforderung an möglichst feuchte Umgebungsbedingungen bedeutet das: Nacktschnecken sind an warmen Sommertagen vornehmlich nachts im Garten unterwegs. Die sich nachts abkühlende Luft bildet dann Tau, und je feuchter es ist, desto weniger Schleim muss die Schnecke zu ihrer Fortbewegung absondern, und desto geringer ist die Gefahr von Feuchtigkeitsverlust.

Ihr Bewegungsradius ist, feuchte Umgebung vorausgesetzt, zudem temperaturabhängig: Je wärmer die Nacht, desto weiter reicht er. Nur an feuchten, nicht zu heißen Tagen sind Schnecken, speziell Nacktschnecken, auch tagsüber auf Tour, vor allem an Regentagen.

Unter günstigen Bedingungen legen Nacktschnecken in 24 Stunden etwa 25 Meter zurück, haben britische Forscher unlängst gemessen. Lassen Temperatur – zum Beispiel nachts oder tagsüber zu warm – und Feuchteangebot – zum Beispiel nachts zu wenig Tau, tagsüber zu trocken – nur kürzere Fresszeiten zu, verringern sich Aktionsradius und angerichteter Schaden. Das erklärt, warum gerade Nacktschnecken unter den beschriebenen für sie passenden Bedingungen vornehmlich, aber

Eine Mulchschicht aus Fichtenadeln wird gerne als eine Barriere zwischen Schnecken und gefährdetem Pflanzenbeet verteilt. (Foto: Henrik Larsson/fotolia.com)

eben nicht ausschließlich nachts im Garten unterwegs und nur an manchen Tagen auch im Hellen im Garten anzutreffen sind.

Die Sache mit dem Schleim

Schneckenschleim ist für uns Menschen mindestens ein ebenso auffälliges Charakteristikum von Schnecken wie das Schneckenhaus. Die Kombination von längs und quer durch ihren Muskelapparat verlaufenden Einzelmuskeln ermöglicht der Schnecke das für sie typische wellenförmige Fortbewegungsmuster. Sie hebt das hintere Körperende an und setzt es ein wenig weiter vorne wieder auf. Auf diese Weise erzeugt sie eine Kontraktionswelle, die den Schneckenkörper nach vorne schiebt. Die Schnecke gleitet auf dem selbst erzeugten Feuchtigkeitsfilm aus Schleim dahin.

Den eigentlichen Schleim erzeugt die Schnecke am vorderen Ende ihrer Sohle. Indem sie die nachrückenden Körperteile darüberzieht, verteilt sie den Schleim unter sich als eine Gleitunterlage. Um eine bessere Viskosität des Schleims und damit eine noch bessere Gleitfähigkeit zu erzeugen, verdünnt die Schnecke diesen Schleim mithilfe eines weiteren Sekrets, das sie während des Kriechens aus Drüsen an ihrer Körperunterseite absondert.

Schneckenschleim hat, speziell für Nacktschnecken, noch einen weiteren Nutzen: Er trägt aktiv und passiv dazu bei, weniger schnell auszutrocknen. Aktiv, indem der Schleim eine Verdunstungsschutzschicht über Teilen der Schneckenhaut bedeutet.

Helix pomatia
(Foto: Mozeh_073/fotolia.com)

Arion vulgaris
(Foto: Schlierner/fotolia.com)

Lymnaea stagnalis
(Foto: Arco Images/Tuns/Bildagentur Waldhäusl)

Limax maximus
(Foto: Zbyszek Nowak/fotolia.com)

Passiv, indem er es der Schnecke ermöglicht, auch in kleine (Erd-)Spalten zu kriechen, um dort (Verdunstungs-)Schutz zu suchen.

Einige Abwehrmaßnahmen, wie Kalk streuen (siehe S. 48) oder gewisse Wirkstoffe in Schneckenkorn (siehe S. 56) setzen hier an, indem sie das „Ausschleimen" und damit das Sterben an Austrocknung provozieren.

Hinsichtlich der Ernährung von Nacktschnecken hat man an der Großen Wegschnecke (*Arion ater*) beobachtet, dass sie sich gegenseitig Schleimpfropfen am Hinterleibsende abweiden, was die Vermutung in den Raum gestellt hat, dass dieser Schneckenschleim für sie möglicherweise auch eine ernährungsphysiologische Bedeutung haben könnte – ähnlich dem beobachteten Kotfressen bei Nagetieren.

In einen Mantel aus Schleim „kuscheln" sich spezielle auf Bananen lebende Nacktschnecken während ihrer Paarungsrituale. Und im Verteidigungsfall zieht sich die Nacktschnecke eng zusammen und umgibt sich mit dickem Schleim. Dadurch ist sie für den Räuber weniger leicht zu packen und für ihn wohl auch weniger schmackhaft.

Faszination Schneckenhaus

Die Schutzfunktion ihres Schleims trifft für Gehäuseschnecken grundsätzlich auch zu, doch nutzen sie obendrein eine Schutzummantelung der besonderen Art: das Schneckengehäuse. Anders als bei den nächsten Schneckenverwandten, den Muscheln, besteht ein Schneckengehäuse nicht aus zwei Teilen, sondern immer aus einem Stück. Dieses ist zumeist nichts anderes als eine spiralförmig gewundene Röhre, in der die Eingeweide der Schnecke untergebracht sind.

Das Schneckengehäuse birgt in seiner Spitze beziehungsweise Mitte Organe wie Leber, Darm, Ausscheidungsorgan und Geschlechtsorgan. Ebenfalls darunter verborgen sind Nervenstränge und Nervenknoten, Lunge (bei Lungenschnecken) und Herz. Aus der Gehäuseschnecke ragt der sogenannte Weichkörper heraus. Er besteht weitgehend aus längs und quer verlaufenden Muskelsträngen, die in seiner Mitte und am Ende als Fußmuskel bezeichnet werden, an dem sich nach vorne hin der mitunter minimal abgesetzte Kopf des Tieres befindet. An der Unterseite von Kopf und Fußmuskel plattet sich der Weichkörper weiter ab, zur abgesetzt erkennbaren Kriechsohle mit ihren Schleimsekretdrüsen.

Da nun die Schnecke wächst, muss die eigentlich statisch große Schutzröhre irgendwie mitwachsen. Das tut sie in Form zunehmender Breite an ihrer Öffnung auf faszinierende Weise: Das Schneckenhaus ist innen mit einem Gewebe ausgekleidet, das als sogenannter Eingeweidesack die Innereien des Tieres umschließt und von der „Außenhaut", dem Mantel, umgeben ist. An der Gehäuseöffnung bildet zusammen mit dem Mantelrand die Mantelfalte. Hier sondert die Schnecke ein Sekret ab, das in hohem Maße aus der Nahrung gewonnenes Kalziumkarbonat enthält. Das härtet zu 98 Prozent kohlensauren Kalk aus und erweitert so im Laufe der Zeit, dünne Schicht an dünner Schicht, das Schneckengehäuse – immer exakt zum erweiterten Körperbau des Tieres passend. Faszinierend!

Der Schnecken-Kreislauf

Anders als Menschen und Säugetiere besitzen Schnecken kein geschlossenes Blutkreislaufsystem, dessen Adern Organe und Gewebe zielgerichtet ansteuern und mit Blut versorgen. Schnecken haben ein sogenanntes offenes Blutkreislaufsystem. Die Schnecke besitzt einen – grob – zweigeteilten Herzkörper, der das Blut des Tieres druckseits so in seine Gewebe und seine Zellzwischenräume presst, dass die einzelnen Gewebe und ihre Zellen unmittelbar umspült und mit Blut versorgt werden. Indem beim Auspressen des Blutes in das Gewebe im an der gegenüberliegenden Seite desselben Herzkörpers gelegenen Vorhof ein Unterdruck entsteht, strömt in ihn das „verbrauchte" Blut wieder ein, wird mit Sauerstoff aus Kiemen beziehungsweise Atemöffnung sowie Nährstoffen aus dem Verdauungstrakt angereichert und über die „zweite Herzkammer" erneut ins Gewebe verpresst. Weil Schnecken eben kein geschlossenes Adersystem haben, helfen bestimmte Bindegewebsstrukturen im Körper des Tieres dabei, das Blut bis in vom Herzen weiter entfernte Körperpartien und von dort zurück zum Vorhof zu lenken. Nur direkt am Herzen wird durch Aortenstummel vorgegeben, ob das Blut in Richtung Verdauungstrakt beziehungsweise Organe oder aber Richtung Kriechfuß strömen soll. Ihren Blutdruck können Schnecken in gewisser Weise durch Muskelkontraktion erhöhen, wodurch das Blut umso stärker in die Gewebezwischenräume verpresst wird. Mit erhöhtem Blutdruck gelingt es ihnen, Fühler oder auch Geschlechtsorgane auszufahren. Als wechselwarme Tiere ist auch die Aktivität des Herzmuskels der Schnecken wärmeabhängig.

Herzschlag

Anhand von Untersuchungen von Zuchtschnecken (*Helix pomatia*) weiß man, dass das Zweitakter-Schneckenherz bei großer Hitze (38 Grad Celsius) 100 Schläge pro Minute leistet; bei 14 Grad Celsius sind es nur noch 35, bei 9 Grad Celsius nur noch elf, bei Erreichen der Frostgrenze lediglich drei und darunter, also in der frostumgebenen Winterruhe, nur noch ein Herzschlag pro Minute.

Zum Vergleich: Unser Viertakter-Warmbluther z schlägt je nach Alter, Gesundheit und Belastung etwa 50- bis 100-mal pro Minute. Bei passender Temperatur sind die Tiere deshalb umso eifriger im Garten zugange, kriechen umher und suchen nach Futter. Aber der Schneckenversteher kann mit seinem Wissen schneller sein!

Wie Schnecken atmen

Je nach zoologischer Zugehörigkeit atmen Schnecken entweder mithilfe von Kiemen (bei den Vorderkiemern) oder mithilfe von Lungen. Im einfachsten Fall sind diese Lungen die bei den Nacktschnecken leicht zu beobachtenden Mantelhöhlen, die sich ohne aktive Atmung mit Luft füllen. Das Auskleidungsgewebe der Mantelhöhle ist so gebaut und stark durchblutet, dass der Luftsauerstoff durch das Gewebe hindurch diffundiert und vom Hämocyanin im Schneckenblut aufgenommen wird. Im Gegenzug wird Kohlendioxid in die Mantelhöhle abgegeben. Das erklärt dem Schneckenversteher, warum Schnecken – ähnlich Regenwürmern – bei starker Nässe aus ihren

Erdspalten vertrieben werden und aus ihnen hervorkriechen: Sie würden im Wasserfilm ertrinken.

Gehäuseschnecken sind höher organisiert: An der Gehäuseöffnung bei der Manteloberseite befindet sich eine Atemöffnung, die das Tier aktiv öffnen und verschließen kann und damit Atemzüge macht. Während des Kriechens macht die Weinbergschnecke etwa drei Atemzüge pro Minute, ihre Atemhöhle im Gehäuse hat ein Volumen von etwa zwei Kubikzentimetern. Die Gewebeauskleidung der Atemhöhle ermöglicht den Gasaustausch dann vergleichbar der Funktionsweise einer Mantelhöhle bei Nacktschnecken.

Speziell die in Gartenteich und Co. im Wasser lebenden Lungenschnecken müssen zum Atemholen an die Wasseroberfläche aufsteigen. Einige im Wasser lebende Lungenschneckenarten können ihre Atemhöhlen jedoch statt mit Luft mit Wasser befüllen und über die Innenhaut der Höhle den Gasaustausch wie über Kiemen vornehmen.

Mehr als nur ein Gehirn

Wenn die Schnecke ihre Fühler bei deren Berührung einzieht – ebenso wie ihren Körper – zeigt das, wie schnell ihr interessant organisiertes Nervensystem reagiert. Es besteht aus Sinneszellen an der Körperoberfläche, die chemische und mechanische Reize wahrnehmen können.

Grafik Schneckenkreislauf

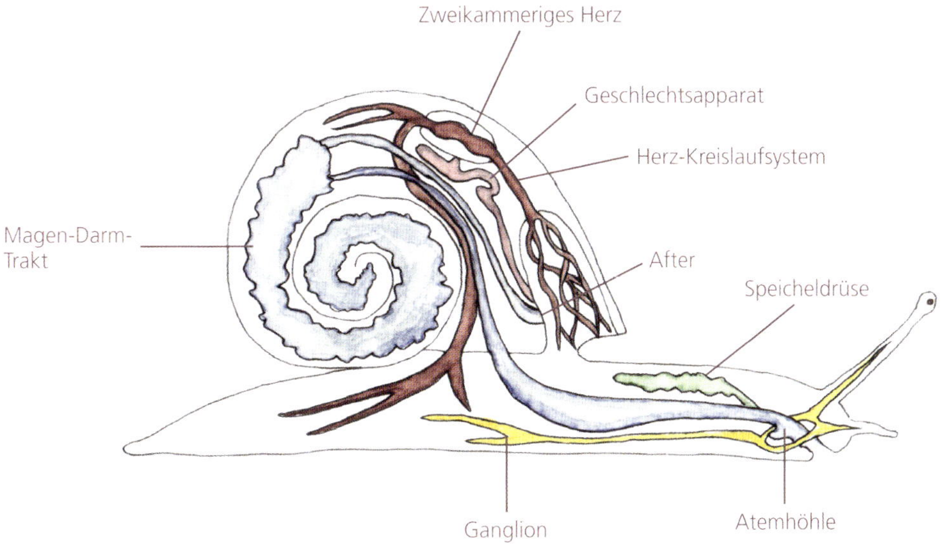

Sie sind an ein den Körper durchziehendes nervliches Gewebenetz mit speziellen Knotenpunkten beziehungsweise Schwachstellen angeschlossen. In den Bahnen dieses Nervengewebes werden auf elektrischem Wege die Reize differenziert an eine solche Schaltstelle, das Ganglion, weitergeleitet und dort in geringem Umfang auch gespeichert. In rückwärtige Richtung, vom Ganglion in den Schneckenkörper hinein, ist das System dann in der Lage, Impulse zu setzen, zum Beispiel das Zusammenziehen von Muskeln oder Einziehen der Fühler zu leisten. Im Gegensatz zu uns Menschen, bei denen alles zentral vom Gehirn aus geregelt wird, sind Schnecken dezentral organisiert und haben mehrere Ganglien, die zumeist paarweise angelegt sind und nahe an denjenigen Körperbereichen liegen, die sie sozusagen nervlich betreuen.

Alle Ganglien sind wie nach dem Muster einer Leiter miteinander verbunden, also mit je einem Nervenstrang an jeder Längsseite des Tieres, plus Querverbindungen. Das zu wissen verrät dem Schneckenversteher, dass es anatomischer Kenntnisse bedarf, Schnecken durch Zerschneiden töten zu wollen. Während, vergleichsweise, eine Mausefalle mit ihrem tödlichen Schlag gleich das Gehirn des Nagers ausschaltet und das Tier sofort tötet, gelingt das beim Zerschneiden einer Schnecke auf Anhieb nicht, weil in dem Tier mit seinen über zehn nervlichen Verwaltungszentren kein komplett verantwortliches Zentralhirn vorliegt. Nach dem Durchtrennen mit Spaten oder Schere stirbt die Schnecke nicht gleich, sondern erst später an Organversagen.

Fressen und Verdauen

Das Verdauungsystem der Schnecken beginnt mit einem Paukenschlag: Die Tiere beißen nicht etwa Stücke der Nahrung ab und zerkleinern sie mit so etwas wie Zähnen oder Hornplatten. Schnecken arbeiten mit einer Art Reibeisen, um sich ihre Nahrung zu erschließen. Dieses Reibeisen mit bis zu mehreren hunderttausend einzelnen, in Längs- und Querreihen angeordneten, nach hinten gerichteten Einzelzähnen aus im Wesentlichen Chitin dient als eine Raspelzunge. Im einfachsten Fall ist sie so gebaut, dass die Schnecke Oberflächen beim Überkriechen abweidet, etwa Algen auf Steinen oder Rinden.

Weit verbreitet ist die Raspelzunge jedoch so organisiert, dass sie mit darunterliegenden Muskeln gesteuert werden kann und dann wie leckend benutzt wird. Wie bei der Weinbergschnecke (*Helix pomatia*) kann die zoologisch „Radula" genannte Raspelzunge am Gaumen von einer verhärteten Platte als mechanisches Gegenstück begleitet sein, das im Maul zum Abstreifen der abgeschabten Nahrung von der Radula dient. Während Jungschnecken Pflanzengewebe eher nur oberflächlich abraspeln, leisten erwachsene Tiere demgegenüber ganze Arbeit: An Gartenpflanzen weiden Schnecken Blätter im Lochfraß ab. Interessant ist es dabei zu beobachten, dass sie beispielsweise an den von ihnen gern gefressenen Blättern der *Hosta* beim Weiden zwischen den harten Blattrippen bleiben und gezielt das weiche Gewebe der Blattspreite wegfressen.

Paarung der Kapuzinerschnecke. Noch ist es nicht zu spät für die Bekämpfung. (Foto: Günter Escher/pixelio.de)

Als Nahrung dient nicht vielen Schnecken pflanzliches Material, selten gesundes, meist totes und sogar verrottendes. Schnecken nehmen jedoch je nach Art auch tierische Kost an, so etwa Aas von Säugetieren, aber auch von ihresgleichen, ebenso wie Gelege von Schnecken. Gartenteichschnecken verzehren neben Algen und anderen Pflanzen auch Mulm vom Teichgrund.

Von Radula und Gaumen aus gelangt die Nahrung über den Schlund in einen Kropf oder Magen des Tieres, von dort weiter in den Darm. Der Darmausgang liegt bei Nacktschnecken am hinteren Mantelende, bei Gehäuseschnecken neben der Atemöffnung, in der Gehäuseöffnung. Beim Beobachten der Tiere verstört es Nicht-Schneckenversteher üblicherweise, dass genau hier – mitten auf dem eigenen Körper – von den Tieren ihr Kot abgesetzt wird.

Liebespfeile und Eigelege

Um Eier produzieren und zuvor Erbinformationen austauschen zu können, benötigen Schnecken einen Geschlechtspartner derselben Art. Seltener tauchen innerhalb einer Gattung – wie bei *Arion*, der Wegschnecke – Kreuzungen zwischen Arten auf, sogenannte Bastarde. *Arion* ist zudem eine der seltenen Fälle von Schnecken, die sich erforderlichenfalls selbst befruchten können. Für den Schneckenversteher wichtig: von denen langt also eine einzige im Garten …

Bei all dem sind getrenntgeschlechtliche Schneckenarten bei uns die Ausnahme. Lungenschnecken, die den Großteil unserer heimischen Schnecken ausmachen, sind nämlich – durchaus als Ausnahme unter den Schnecken insgesamt – Zwitterwesen.

Sie besitzen dann nur eine Keimdrüse, die als sogenannte Zwitterdrüse in eine männliche und eine weibliche Produktionseinheit unterteilt ist. Diese Einheiten sind jeweils in der Lage, Eier (als weibliche Komponente) oder Sperma (als männliche Komponente) zu produzieren. Bei der Paarung stülpen die Schnecken Geschlechtsorgane aus, mithilfe derer sie sich gegenseitig Sperma injizieren. Schnecken paaren sich vor der Eireife mit mehreren Artgenossen, sammeln also Sperma verschiedener Herkunft. Das wird im Tier „geparkt" und später, wenn die Eier herangereift sind, zu deren Befruchtung an sie herangespült.

Im Vorfeld ihrer Paarung stimulieren sich die Schnecken dazu mit spitzen Kalkstacheln, die sie einander als sogenannte „Liebespfeile" in den Körper schießen.

Die legereifen Eier legt die Schnecke in Nestern ab, je nach Art in unterschiedlichen Mengen von zehn, 20 bis 50 oder auch 100. Insgesamt werden von jedem Exemplar pro Saison mehrere hundert Eier in getrennten Gelegen abgelegt. Der Zeitpunkt der Eiablage ist artabhängig. Mehrjährige Arten (wie die Weinbergschnecke) oder überwinternd einjährige beziehungsweise zweijährige (wie der Tigerschnegel) nutzen den Hochsommer, einjährige (wie die Kapuzinerschnecke) den Spätsommer und Herbst, unterjährige (wie der Ackerschnegel) sind ganzjährig aktiv. Die gelegten Eier können weichschalig transparent oder hartschalig undurchsichtig weiß, beige oder gelblich sein. Sie besitzen eine Größe zwischen, wiederum artbedingt, gut einem bis etwa vier Millimetern Durchmesser. Bevorzugte Eiablagestellen sind der lockere Boden oder aber Nischen im Zusammenhang mit zum Beispiel Holz oder Steinen.

Lockerer Boden und Bodenspalten im Beet während der Eiablagephase von Schnecken lädt sie geradezu zur Eiablage ein. Das hat Konsequenzen für die Bodenbearbeitung in schneckengefährdeten Gärten.

Nach der letzten Eiablage im Herbst sterben die Elterntiere in aller Regel ab. Es überwintern zumeist die befruchteten Eier in ihren Gelegen, seltener sind es die Jungtiere, die die Frostperiode überdauern und sich dazu zum Beispiel in Erdspalten zurückziehen, wie sie nach dem Umgraben von Beeten im Herbst anfallen.

Bei der Paarung stimulieren sich Schnecken durch Kalkpfeile, die sie ihrem gegenüber in den Körper schießen. (Foto: Mandy Graupner/pixelio.de)

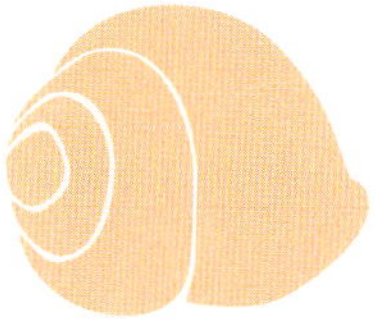

Interessantes rund um Schnecken

Wie schnell sind Schnecken?

Schnirkelschnecken, das belegen jüngste Messungen an der Universität Exeter, schaffen unter günstigen Gartenbedingungen in 24 Stunden 25-Meter-Distanzen. Die größeren und kräftigeren Weinbergschnecken bringen es auf gemessene durchschnittliche Geschwindigkeiten von etwa drei Metern pro Stunde. Da aber Weinbergschnecken täglich lange Ruhephasen haben, erreichen sie den Wert in der Praxis nicht. Auf 7,2 Stundenmeter bringt es die heimische Spitzschlammschnecke (*Lymnaea stagnalis*), zum Beispiel im Gartenteich. Vergleichsweise Flitzer sind die in Europa (außer Süddeutschland) in stehenden Gewässern verbreiteten Blasenschnecken. An ihnen sind zwölf Stundenmeter Geschwindigkeit beobachtet worden. In England (Congham, Norfolk) findet alljährlich eine Schnecken-Rennweltmeisterschaft statt.

Warum lässt sich Schneckenschleim so schlecht abwaschen?

Schneckenschleim besteht aus langkettigen Zuckermolekülen, sogenannten Polysachariden, und die sind außerordentlich quellfähig, können also Wasser sehr gut an sich binden. Das kommt der feuchtigkeitsbedürftigen Schnecke sehr entgegen, die so mit ihrem Schleim noch zusätzliche Umgebungsfeuchtigkeit festhalten kann, ohne für einen kriechgeschmeidigen Schleim zu viel eigenes, mühsam erworbenes Wasser abgeben zu müssen. Dadurch droht sie weniger schnell auszutrocknen. Bevor also Schneckenschleim abgewaschen werden kann, muss er sich zunächst einmal bis zur Sättigung mit Wasser vollsaugen können.

Wie alt werden Schnecken?

Nacktschnecken entstehen und vergehen üblicherweise mit einer, selten zwei Generationen pro Jahr. Gehäuseschnecken hingegen überwintern. An Weinbergschnecken (*Helix pomatia*) sind die Zuwächse am jährlich größer werdenden Gehäuse ähnlich Jahresringen abzulesen. In Schneckenzuchtanlagen ist ihr Alter mit 19 Jahren sicher belegt. Weinbergschnecken sollen aber weitaus älter werden können.

Gibt es schlaue Schnecken?

Für ihre Verhältnisse sind Schnecken in Sachen Gehirn und Gehirnfunktionen vergleichsweise klug gebaut und organisiert – aber eben dezentral. Das am weitesten entwickelte und damit leistungsfähigste Cerebralganglion unter den Gastropoden besitzt die Gattung der Weinbergschnecken. So etwas wie echte Lernfähigkeit und echte Denkleistung findet man unter den Mollusken allerdings erst bei den Kopffüßlern (zum Beispiel Tintenfischen), die höher organisiert sind.

Schnecken in Ihrem Garten

(Foto: Martina Berg/fotolia.com)

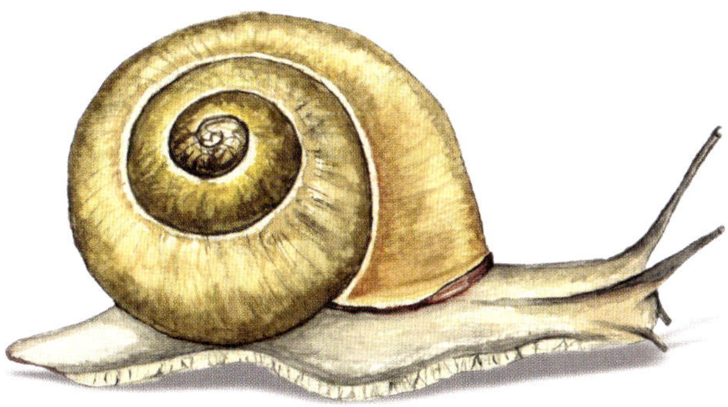

Wie viele Schneckenarten gibt es?

Sicher – Schnecken kennt jeder. Aber Schnecken sind nicht gleich Schnecken. Daher lohnt das differenzierte Hinsehen: Welche Schnecke habe ich vor mir? Lohnt deren Bekämpfung? Und auf welchem Wege, mit welchen Mitteln? Denn nur wer zum Schneckenversteher geworden ist, kann differenziert handeln: Kann das Geschöpf Schnecke auch Schnecke sein lassen, dort, wo es nicht stört und einfach nur einen Knotenpunkt im Netzwerk des Ökosystems darstellt – kann andererseits dort dagegen angehen, wo es im Kulturraum Garten an seinem unpassenden Platz angekommen ist.

Auf die Vielzahl der Schnecken kann an dieser Stelle sicher nicht eingegangen werden, weshalb auf die vielfältige Fachliteratur zum Thema hingewiesen werden muss. Es soll Ihnen aber anhand der folgenden Ausführungen dennoch möglich gemacht werden, wichtige Schnecken im Garten und in dessen naturnahem Umfeld identifizieren zu können.

Gehäuseschnecken

Schneckengehäuse haben unterschiedliche Bauweisen. Für den Garten relevant sind hier zwei von drei möglichen Typen. Typ eins ist die am häufigsten vertretene Variante, nämlich das breite, relativ flache Schneckenhaus, wie es Garten-Bänderschnecke (*Capaea hortensis*) und Weinbergschnecke (*Helix pomatia*) tragen. Typ zwei ist demgegenüber seltener anzutreffenden: das lang gezogene, spitz zulaufende Schneckenhaus à la Mittlere Schließmundschnecke (*Iphigena lineolata lineolata*, wie sie beispielsweise am unteren Inn lebt) oder auch der in den Alpen verbreiteten Schließmundschneckenart *Pirostoma densestriata*.

Als Typ drei kommt das napfartig bis mützenförmige Gehäuse hinzu, wie es zum Beispiel für die Teichnapfschnecke (*Acroloxus lacustris*) typisch ist. Weil aber Schnecken mit solcherlei spitz zulaufenden Gehäusen (wie Bernsteinschnecken, Familie Succineidae; Vielfraßschnecken, Familie Enidae und Schließmundschnecken, Familie Clausilidae) im Garten meist unentdeckt bleiben und auch keinerlei Schadwirkung haben, werden sie an dieser Stelle vernachlässigt.

Dasselbe gilt für das nähere Kennenlernen von nicht an Land lebenden Gehäuseschnecken, die zum Beispiel Ihren Gartenteich besiedeln. Auch hier gibt es Arten mit breitem, flachen Gehäuse (beispielsweise die Tellerschnecken) und Arten mit lang gezogenem, spitz zulaufenden Gehäuse (beispielsweise die Schlammschnecken). So viel zum Verständnis aus dem Überblick – zurück zur Anwendungspraxis.

Gemeine Tellerschnecke *(Planorbis planorbis)*. (Foto: Andrey Nekrasov/Imagebroker/OKAPIA)

Nacktschnecken

Unterscheidungsmerkmale

Einfachstes Unterscheidungsmerkmal von Schnecken ist die Trennung in einerseits Gehäuseschnecken und in andererseits Nacktschnecken.

Als Nacktschnecken bezeichnet man solche, die kein „Gewand" tragen, sprich: kein Gehäuse, in das sie sich zurückziehen können. Als Gehäuseschnecken bezeichnet man diejenigen, welche ein solches Rückzugsgebilde auf ihrem Körper mit sich herumtragen.

Ähnlich den Gehäuseschnecken gibt es auch bei den Nacktschnecken – die auf den ersten Blick alle sehr ähnlich aussehen mögen – augenscheinliche Unterscheidungsmerkmale. Das sind gar nicht einmal die Farben der Tiere, weil allein deren Betrachtung bei der Bestimmung durchaus in die Irre führen kann: So sind beispielsweise Rote Wegschnecken in der Farbbandbreite von leuchtend orange bis sogar ziegelrot bekannt, Kapuzinerschnecken von bräunlich orange bis leuchtend orange. Welche ist nun zuverlässig welche, wenn gerade ein orangefarbenes Exemplar an Ihnen vorüberkriecht – welche lohnt womöglich die Bekämpfung, welche nicht? Eine systematische Betrachtung kann hier hilfreich sein.

Leicht an der Nacktschnecke zu erkennen ist der Mantelschild mit seiner Atemöffnung. Sitzt diese Atemöffnung in der vorderen Mantelschildhälfte, haben Sie es mit einer Wegschnecke zu tun (Familie Arionidae). Sitzt die Atemöffnung hingegen am hinteren Mantelschild, handelt es sich (unter den gartenrelevanten Arten) um ein Mitglied dieser drei Familien: die Ackeregelschnecken (Agriolimacidae), die Egelschnecken beziehungsweise Schnegelschnecken (Limacidae) und die Kielschnegelschnecken (Milacidae). Klingt komplizierter, als es ist: Ackeregelschnecken werden nur bis fünf Zentimeter groß. Ist das vorliegende Tier größer, muss es sich um eine Egelschnecke oder eine Kielschnegelschnecke handeln. Beide zeigen keinen abgerundeten Rücken, sondern – ähnlich einem auf der Längsachse um 180 Grad gewendeten Schiff – einen Rücken mit einem Kiel. Reicht dieser Kiel vom hinteren Schneckenende bis an den Mantelschild herauf, ist es eine Milacidae. Reicht dieser Kiel vom hinteren Schneckenende nicht bis an den Mantelschild heran, bedeckt quasi lediglich den unteren bis halben Schneckenrücken, dann ist es eine Egelschnecke. Sie sehen: Was sich eingangs knifflig anhörte, ist mit wenigen Sätzen übersichtlich sortiert. Und wenn die Familie erst identifiziert ist, eröffnen sich Ihnen Gattung und womöglich Art.

Wegschnecken

In der Schneckenfamilie der Arionidae ist für die Betrachtung des Gartens und seiner Nachbarschaft speziell die Gattung *Arion* relevant, zu der folgende Arten zählen:

- Kapuzinerschnecke (*Arion vulgaris*), die als gefräßigste Art gilt und besser als Spanische Wegschnecke bekannt ist,
- Rote Wegschnecke (*Arion rufus*),
- Braune Wegschnecke (*Arion fuscus*) ,
- Schwarze Wegschnecke (*Arion ater*).

Die Kapuzinerschnecke ist als ein derzeitiger Hauptschädling im Garten anzusehen. Sie wird allerdings oft verwechselt mit der Roten, Braunen oder Schwarzen Wegschnecke, denen ihre Verwandtschaft innerhalb der Gattung dann zum Verhängnis wird. Das sind andere Arten mit vergleichsweise nur geringfügigem oder gar keinem Schadpotenzial, werden aber trotzdem mit aller Vehemenz bekämpft.

Oft verwechselt werden auch die Gartenwegschnecke (*Arion hortensis*), die Gelbstreifige Wegschnecke (*Arion fasciatus*) und die Waldwegschnecke (*Arion sylvaticus*), weil sie sich auf den ersten Blick sehr ähneln.

Apropos Verwechslung: Die Kapuzinerschnecke wird verbreitet noch als *Arion lusitanicus* bezeichnet, was jedoch falsch ist und auf einem Bestimmungsfehler zu Beginn ihres verstärkten Auftretens in Europa in den Fünfzigerjahren fußt. Die echte *Arion lusitanicus* ist vielmehr eine verwandte, ausschließlich auf einem Bergstock nahe Lissabon vorkommende (endemische), hochgradig gefährdete Art. Die Spanische Wegschnecke heißt mit lateinischem Namen *Arion vulgaris* und ist mit Brauner Wegschnecke und Schwarzer Wegschnecke enger verwandt (sogar gleiche Chromosomenzahl) als mit *A. lusitanicus*. Sie kommt nicht einmal in Spanien vor, sondern stammt aus dem Nordwesten Frankreichs und möglicherweise von den Britischen Inseln.

Deswegen wird sie besser Kapuzinerschnecke genannt.

Die Kapuzinerschnecke ist wenig anspruchsvoll an ihr Habitat. Sie besiedelt natürlicherweise das feuchte Teichufer ebenso wie den trockeneren Waldrand. Entsprechend einfach ist es ihr, dem Menschen auf sein vielfältig gestaltetes Kulturland zu folgen. Sie erreicht eine Größe von bis zu zwölf Zentimetern. In ihrer Farbgebung ist sie facettenreich: In der Grundfarbe braungrau, variiert sie dabei von dunkelgrau und braun bis orange. Ihre Fußsohle kann heller oder dunkler als das Tier sein, die Sohlenunterseite ist hell beige, Kopf und Fühler sind üblicherweise dunkler. Der Schleim der Kapuzinerschnecke ist transparent. Das Tier legt ab etwa September ein- bis zweimal drei Millimeter große, gelblich werdende, von Schleim ummantelte Eier in Gelegen von 50 Stück – bis über 200, sogar 400 wurden beobachtet. Weil Jungtiere ungleichmäßig schlüpfen und obendrein sie es sind, die überwintern, sind sie von September bis Juni anzutreffen, die Alttiere (die sogenannten Adulten) nur von Juli bis November.

Hoher Schadfraß

Die Kapuzinerschnecke hat einen einjährigen Lebenszyklus. Sie schlüpft im Vorfrühling und stirbt im Spätherbst. Die erste Bekämpfung mittels Eisen-3-Phosphat (s. Seite 40) erfolgt daher im März. Da die ersten Gelege schon im Herbst schlüpfen, was dem ursprünglichen atlantischen Lebensrhythmus entspricht, können in milden Wintern Jungschnecken überwintern. Die Geschlechtsreife tritt frühestens im Juli ein. Die Art ist semelpar, das heißt, sie paart sich nur ein einziges Mal, die Tiere, die sich paaren, haben also noch keine Eier gelegt. Die Eiablage erfolgt in mehreren Gelegen zu 20 bis 50 Eiern, die Gesamteizahl beträgt 200 bis 400. Tiere, die bis dahin nicht an Altersschwäche gestorben sind, erfrieren mit Wintereintritt. Durch die kurze Lebensdauer – eine Weinbergschnecke lebt im Vergleich bis zu 20 Jahre – und die Endgröße ergibt sich ein hoher Energiebedarf, der den Schadfraß erklärt. Kapuzinerschnecken fressen alle grünen Pflanzenteile, Früchte, Aas, Abfälle. Außerdem jagen sie auch aktiv Kleintiere wie Regenwürmer und sogar andere Schnecken.

Vorsicht, Verwechslungsgefahr!

Die Kapuzinerschnecke ist der gefährdeten Roten sehr ähnlich. Die eigentliche Rote Wegschnecke wird mit bis zu 15 Zentimetern größer als die Kapuzinerschnecke. Ihre Eier sind bis vier Millimeter groß. Von der orangerot gefärbten Roten Wegschnecke sind (im Norden häufiger) auch dunkle Morphen bekannt, dann grau bis sogar schwarz gefärbt. Nur die Jungtiere beider Arten lassen sich eindeutig auseinanderhalten: Die der Roten Wegschnecke sind weiß und ohne Streifen, die der Kapuzinerschnecke sind in Braun- und Grautönen gefärbt, mit links und rechts dunklen Streifen, die auf dem Mantelschild harfenförmig verlaufen. Die Rote Wegschnecke kommt aber im Kulturland praktisch kaum mehr vor.

Die Schwarze Wegschnecke wird so groß wie die Rote, ist in grauen bis schwarzen Ausprägungen bekannt und trägt wie häufig auch die rote Verwandte einen roten Fußsaum, der Fuß selbst ist grau. Mit bis zu fünf Millimeter großen Eiern legt sie vergleichsweise große Exemplare. Die Jungtiere können gestreift sein und es treten verschiedenfarbige Morphen auf, von Schwarz und Grau über Braun bis Orangerot.

Gartenwegschnecken

Deutlich kleiner als die Arten der oben betrachteten Gruppe der Wegschnecken sind diejenigen der Gartenwegschnecken:

- Echte Gartenwegschnecke (*Arion hortensis*) und
- Gemeine Gartenwegschnecke (*Arion distinctus*)

erreichen nur rund dreieinhalb Zentimeter Körperlänge.

Die Echte Gartenwegschnecke ist in dunklen Grautönen gefärbt, mit Schattierungen von Blau, Braun oder auch Schwarz. Die Seiten sind, ganz charakteristisch für die Art, heller als der Rücken und sie weisen dunkle Längslinien auf, die zum Fuß hin nur verschwommen abgegrenzt sind. Der Kopf ist schwarz, die Tentakeln sind dunkelgrau und durchscheinend, wobei sie einen warmen rosa Schimmer aufweisen. Die Sohle dieser Art ist gelborange, ebenso ist es ihr Schleim. Echte Gartenwegschnecken legen ihre zwei Millimeter großen Eier im Spätherbst in Gelegen

Schädlich oder nicht? Bei den Nacktschnecken kommt das auf die jeweilige Art an. (Foto: Henrik G. Vogel/pixelio.de)

zu je etwa 30 Stück ab. Nach deren Überwinterung schlüpfen die Jungschnecken zumeist im Mai und Juni und sind zu diesem Zeitpunkt bereits stolze fünf Millimeter groß. Sie sind blauschwarz gefärbt, dunkler als die Alttiere, haben aber bereits die typische gelbliche Sohle. Die westeuropäische Art kommt in Mitteleuropa nur im westlichsten Teil Deutschlands und der nördlichen Schweiz vor.

Die Gemeine Gartenwegschnecke ist weiter verbreitet als die Echte Gartenwegschnecke und von dieser meist recht gut zu unterscheiden. Sie wird mit bis zu knapp vier Zentimetern Größe einen Tick größer als ihre Schwesterart. Auch ist sie mit ihrem Braungrau insgesamt heller gefärbt, weist weniger deutliche Hautriffelung auf.

Arion rufus
(Foto: Christian Hütter/Imagebroker/OKAPIA)

Deroceras reticulatum
(Foto: Nigel Cattlin/Holt Studios/OKAPIA)

Die Fühler zeigen keinen rosa Schimmer, Sohle und Schleim sind, wie bei der Echten Gartenwegschnecke, orangefarben.

Die Gemeine Gartenwegschnecke kommt mit kühl-nassen Bedingungen besser als die Schwesterart zurecht. Beide kommen aber vom Gebüsch bis zum Feld und Garten vor und leben sehr erdbezogen – also nicht nur auf, sondern auch in lockerer Erde. Das lässt den Schneckenversteher begreifen, warum diese Arten vergleichsweise häufig an Wurzel- und Knollengemüsen wie Möhre, Rettich und Kartoffel, aber auch Erdkohlrabi (Steckrüben) und Kohlrabi anzutreffen sind. Und das speziell dort, wo Ackerflächen mit lockerer Bodenstruktur an das Gartenland angrenzen.

Unterscheiden lernen heißt Leben retten!

Weil die Waldwegschnecke und die Gelbstreifige Wegschnecke so ähnlich sind, werden sie von den Bekämpfungsmaßnahmen gegen sie leider überall dort miterfasst, wo sie zusammen mit den Gartenwegschnecken auftreten und von ihnen nicht unterschieden werden. Die Waldwegschnecke wird so groß wie die Gemeine Gartenwegschnecke und wird am häufigsten mit dieser verwechselt. Leicht unterscheidbar aber ist die Waldwegschnecke durch ihre helle Gesamtfärbung (etwa so hell wie die Seiten der Gemeinen Gartenwegschnecke), auch auf dem Rücken. Zudem hat sie zwei recht klar abgegrenzte dunkle Seitenlinien, unterhalb derer die Seiten und die Sohle so hell wie eine Weinbergschnecke gefärbt sind. Sie besitzt im Vergleich zur Gemeinen Gartenwegschnecke also keine orangefarbene Sohle, und auch ihr Schleim ist nicht orange, sondern transparent.

Ackeregelschnecken

Unter den Ackeregelschnecken ist speziell die Genetzte Ackerschnecke (*Deroceras reticulatum*) gartenbedeutend, die hier zusammen mit Hammerschnegel (*Deroceras sturanyi*), Hellem Schnegel (*Deroceras juranum*), Wasserschnegel (*Deroceras laeve*) und Mittelmeer-Ackerschnecke (*Deroceras invadens*) zu betrachten ist.

Die Genetzte Ackerschnecke ist in weiten Teilen Europas der wohl zweitgefräßigste Gartenschädling unter den Mollusken. Sie ist weit verbreitet anzutreffen, bevorzugt dabei die Niederungen und geringen Höhenlagen, bis etwa 300 Meter, als ihren Lebensraum. Das Tier erreicht eine Größe von bis zu fünf Zentimetern und trägt eine hellgraue bis hell graubeige Grundfärbung. Darauf dicht verteilt sind schwarze, nicht scharf abgegrenzte Flecken. Weil diese auf dem Rücken des Tieres den Rillen der Hautfaltenzwischenräume folgen, wirken sie bandförmig und infolge ihrer Querverbindungen netzförmig. Und schon erklärt sich der deutsche Name dieser Art. Am Hinterleibsende befindet sich oben der kurze Kiel. Die Sohle der Genetzten Ackerschnecke ist gelbbraun, ihr Schleim weiß transparent.

Diese nachtaktive Art versteckt sich außerhalb der Fresszeiten bevorzugt unter Steinen und in anderen bodennahen beziehungsweise im Boden vorhandenen Unterschlupfen. Da sie bevorzugt Frischpflanzenfresser ist, steigt sie zum Weiden sehr häufig auf Pflanzen empor und frisst dort. Eigentlich ist sie eine Allesfresserin, die die Nahrung anderer Nacktschnecken – wie Pflanzenabfälle, Aas und Kot – ebenfalls nicht verschmäht.

Die Genetzte Ackerschnecke legt ihre knapp zwei Millimeter großen Eier vorwiegend zwischen Juni und Oktober (gut 300 pro Tier) in Bodennester mit je bis zu 50 Eiern, in bis zu zehn Zentimeter Tiefe, zum Beispiel in frisch umgegrabene Beete. Ackerschnegel sind ganzjährig aktiv, kriechen und fressen auch im Schnee, aber strenge Winter werden nur von den Eiern überstanden. Ein bis zwei Generationen pro Jahr sind möglich.

Ackerschnecken stellen die größte Familie der Nacktschnecken dar. (Foto: Nigel Cattlin/Holt Studios/OKAPIA)

Genau hingeschaut

Der Helle Schnegel (*Deroceras juranum*) wird bis 4,5 Zentimeter groß und besiedelt bevorzugt feuchte Stellen in Mischwäldern, in Höhenlagen zwischen 700 und 1300 (bis 2200) Metern. Ihr Mantel ist etwas weniger gefleckt als bei der Genetzten Ackerschnecke, ihr Schleim ist transparent.

Die zu den Ackerschnecken zählende *Deroceras lothari* ist tendenziell heller und kleiner als die Genetzte Ackerschnecke, was aber nur durch Genitaluntersuchungen eindeutig bestimmbar ist. Sie kommt in Ungarn, Slowenien bis zur Südost-Steiermark vor. Inzwischen häufig verschleppt, ist sie als Schädling in Kalthauskulturen und Salatfeldern Niederösterreichs und der Steiermark, aber auch in Deutschland weit verbreitet.

Der Hammerschnegel (*Deroceras sturanyi*) kommt zumeist in hellem Braun daher. Seine Haut wirkt aber teildurchsichtig, sodass die darunterliegenden Organe durchscheinen. Der Mantel der Art ist auffällig lang und erreicht leicht die Rückenmitte. Der Schleim ist transparent. Die Größe der Art liegt bei 45 Millimetern. Ihre angestammten und natürlichen Lebensräume sind feuchtere Biotope und die Gewässernähe, aber sie wandert auch in andere ein – Garten, Park, Friedhof und dergleichen. Auch ein Schadfraß in Glashäusern ist möglich. Sie geht auf Höhen bis etwa 900 Meter.

Der Wasserschnegel (*Deroceras laeve*) ist nur knapp drei Zentimeter groß. Auch diese Art lebt bevorzugt an feuchteren Standorten, hat aber eine breite Lebensraumtoleranz, einschließlich Temperaturtoleranz. Die Art sieht aus wie eine fein ziselierte Genetzte Ackerschnecke: hellbeige Grundfarbe, kleinere und blassere Tupferung, ausgeprägte Hinterleibsrillen. Der Wasserschnegel hält sich bevorzugt bis unter 1000 Höhenmeter auf, wurde aber auch schon doppelt so hoch über dem Meeresspiegel angetroffen. Von ihm werden bis zu fünf Generationen pro Jahr beobachtet. Diese Schnecken sind Allesfresser und können an zarten Pflanzenteilen im Glashaus, selten in sehr feuchten Gärten, Schäden anrichten. Sie fressen aber auch Eier von Schadinsekten wie der Rübenfliege.

Als letzte hier zu erwähnende Art gelangt unter den Agriolimacidae-Schnecken die Mittelmeer-Ackerschnecke (*Deroceras invadens*) zu inzwischen unrühmlicher Bekanntheit: Sie hat sich in Mitteleuropa, von Spanien bis Bulgarien, während der letzten Jahre massiv ausgebreitet. Die kurzlebige Art erreicht bis zu drei Generationen pro Jahr und ist etwa viereinhalb Zentimeter groß, hellbeige bis hellbraun gefärbt. Die Sohle ist beige, mit dunklerem Rand. Der Schleim ist transparent. Sie lebt im Flachland und mittleren Hügelland, steigt auf Höhen bis etwa 1500 Meter. Die Art verursacht massiven Schadfraß bei Glashauskulturen, ist aber im Freiland meist harmlos und fehlt dort in winterkalten Gebieten.

Diese und zahlreiche weitere heimische und verschleppte *Deroceras*-Arten sind nur selten durch Laien sicher bestimmbar. Oft kann die tatsächliche Artbestimmung nur nach Präparation durch einen Malakologen erfolgen.

Egelschnecken

In dieser Schneckenfamilie der Limacidae, zu Deutsch Egelschnecken oder auch Schnegelschnecken, sind knapp eine Handvoll Gattungen gartenrelevant: *Limacus, Limax, Lehmannia* und *Malacolimax*.

Der Bierschnegel (*Limacus flavus*) ist mit seiner gelbgrünen Grundfarbe, seiner graugrünen Fleckzeichnung darauf und seinen bläulichen Fühlern eine vergleichsweise auffällige, weil ungewöhnlich gefärbte Schnecke. Bereits die Jungtiere sind so gezeichnet, wenngleich blasser. Mit 80 bis 130 Millimetern Länge zählt sie zu den mittleren bis größeren Arten im Garten. Seine Atemöffnung ist am Mantelrand positioniert, sein Schleim gelblich und sein Kiel ist kurz und immer gelb.

Tigerschnegel, *Limax maximus*
(Foto: Arco Images/J. Meul/Bildagentur Waldhäusl)

Bierschnegel, *Limax flavus*
(Foto: ImageBroker/Dave Pressland/FLPA/Bildagentur Waldhäusl)

Bierschnegel sind üblicherweise nicht nennenswert gartenschädlich, frissen aber an Zwiebeln und Knollen und können in feuchten Erdkellern so zum Vorratsschädling werden.

Der imposante Schwarze Schnegel (*Limax cinereoniger*) kommt vorwiegend in naturnahen Laubwäldern vor. Wie der auffällig gemusterte Tigerschnegel (*Limax maximus*) ernährt er sich nicht von lebenden Pflanzenteilen, sondern ist Detritusfresser wie die Regenwürmer. Der Schwarze Schlegel zählt mit bis zu 20 Zentimetern Länge zu den größten einheimischen Nacktschneckenarten. Die Oberseite des Tieres ist schwarz, der Kiel ist lang und gelb und reicht nicht bis zum Mantelschild. Der Mantelschild weist die Zeichnung des Rückens nicht auf; anders als das beim Tigerschnegel der Fall ist. Die Jungtiere sind mitunter bräunlicher gefärbt, was dann zu Verwechslungen mit dem ebenfalls gartenunschädlichen Baumschnegel (s. Seite 31) führen kann. Die Unterseite des Schwarzen Schnegels ist an den Rändern schwärzlich dunkel und in der Mitte weißlich hell. Die Art gehört zu denjenigen, die überwintern und von denen bekannt ist, dass sie etwa zwei Jahre alt werden. Die Eiablage der Art erfolgt im Spätfrühling bis Frühsommer, die Jungen sind dann drei Wochen später anzutreffen.

Der Tigerschnegel (*Limax maximus*) ist, wie sein zoologischer Artname *maximus* es ausweist, tatsächlich der Größte: Stolze 22 Zentimeter Länge erreicht sein ausgewachsener und ausgestreckter Körper. Die Art hat eine hellbeige Grundfarbe ihrer Haut, darauf ist sie mit dunklen Flecken und Bändern getigert. Auch der Mantelschild weist dunkle Flecken auf, aber üblicherweise keine ausgeprägten Bänderungen. Die Unterseite des Tigerschnegels ist einheitlich hell gefärbt, ohne dunkle Ränder. Diese Schnecken sind eine fruchtbare Art, bis zu vier Gelege zu je bis zu etwa 300 Eiern bringen sie zuwege. Anders als bei der Kapuzinerschnecke muss man vom Tigerschnegel aber keine Invasionen in Salatbeeten & Co. erwarten: Tigerschnegel sind häufig in Komposthaufen sowie an Schimmel in Erdkellern zu finden und fressen, wie Schwarze Schnegel, Pflanzenreste und Pilze, allerdings gelegentlich auch Wurzeln und Knollen. Wichtiger Nahrungsbestandteil sind auch Eier anderer Schnecken.

Tigerschnegel sind in der Wahl ihres Lebensraumes breiter als Schwarze Schnegel aufgestellt, weswegen sie auch in Gärten, speziell älteren Gärten und Parkanlagen, vergleichsweise häufiger auftauchen, wo sie aber in aller Regel nicht schadensauffällig werden. Bereiche mit größerem Totholz nehmen sie gerne an, wo sie zwischen Holz und Borke die eiweißreichen Pilze beweiden. Auch sind beide genannten Arten typische Feuchtwetterschnecken, die sich bei Trockenheit gerne kühlfeucht zurückziehen.

Nützliche Schnecken

Als typischer Verzehrer von verrottenden Pflanzenteilen und deren Verpilzungen sind Schwarze Schnegel und Tigerschnegel dort, wo sie im Garten auftreten, sogar recht nützliche Tiere, die Sie auf den Kompost übersiedeln sollten.

Mit dem Gewächshausschnegel und der Dunklen Kielnacktschnecke gibt es Schneckenarten, die praktisch nur im Kleingewächshaus zum Schädling werden. (Foto: countrylens/fotolia.com)

Nicht nur im Gemüsebeet

Gewächshausschnegel (*Lehmannia valentiana*) sind recht ansehnliche Tiere, indem sie zwar einerseits Nacktschnecken sind, andererseits aber doch die Schönheit einer Schnecke widerspiegeln. Sie sind gelblich hellbraun gefärbt und besitzen an jeweils einer Längsseite und auf der Oberseite einen dunklen Strich, der auch über den Mantel läuft. Das bis sieben Zentimeter lange Tier ist kurz gekielt, sein Schleim ist transparent. Die Art vermehrt sich von Hochsommer bis Frühherbst und ist die einzige Egelschnecke, die, allerdings nur in Gewächshäusern, Schadfraß verursacht. Häufig wird sie mit dem Baumschnegel (*Lehmannia marginata syn. Limax marginatus*) verwechselt, ist aber heller als dieser und weniger deutlich gebändert, speziell auf dem Rücken nicht. Auch tritt der Kiel beim Baumschnegel deutlicher, weil länger, hervor. Baumschnegel beweiden bevorzugt Algen und Moose an Bäumen, Mauern und Steinen, Gewächshausschnegel besteigen all das nicht, sondern weiden häufig auf Gartenland und im Kleingewächshaus. Mit sechs Zentimetern bleibt der Baumschnegel etwas kleiner als der Gewächshausschnegel. Speziell in Tirol und Südtirol ist der Schnegel *Lehmannia rupicola* verbreitet, der mit bis zu acht Zentimetern Körperlänge auffällt. Er hat dieselbe helle Grundfärbung der Art, eine gelbe Sohle, aber sein Rücken und sein Mantel sind breit dunkel gebändert. Im Gegenteil sieht diese Bänderung so aus, als wäre der Rücken dunkel und habe eine helle Mittellinie, der Mantel drei.

Um den Pilzschnegel (*Malacolimax tenellus*) nicht mit helleren Morphen der Braunen Wegschnecke (*Arion fuscus*) zu verwechseln, können die am Anfang dieses Kapitels aufgezeigten generellen Unterschiede zwischen den Schneckenfamilien weiterhelfen (s. Seite 7). Pilzschnegel werden bis fünf Zentimeter groß und sind gelb bis orange gefärbt, ebenso wie übrigens auch ihr Schleim.

Pilzschnegel tauchen, wie Schwarze Schnegel, besonders häufig in Gärten nahe Laub-(Misch-) Wäldern auf, denn sie weiden – ähnlich dem Baumschnegel – auch an Algen und Flechten. Deswegen muss diese Art bei der Bekämpfung von Gartenschadschnecken verschont werden.

Kielschnegelschnecken

Hier sind Dunkle Kielnacktschnecke (*Milax gagates*) und Boden-Kielschnegel (*Tandonia budapestensis*) für den Schneckenversteher am ehesten betrachtenswert.

Die sehr schlanke Dunkle Kielnacktschnecke erreicht um die 5,5 Zentimeter Körperlänge und variiert, je nach Morphe, in der Hautfarbe. So kommen Typen in Blaugrau ebenso vor wie braune und nahezu schwarze.

Das spitz langgezogene Schneckenhaus der Schlammschnecke ist eine von drei Gehäuse-Bauarten der Schnecken hierzulande. (Foto: Image-BROKER/Christian Hütter/Bildagentur Waldhäusl)

Der vom Mantel bis zur Schwanzspitze reichende Kiel der Tiere kann gleichfarbig sein, fällt aber oft dunkler aus und ist auf dem gleichmäßig gefärbten Tier dann als ein dunkler Rückenstrich zu sehen. Der Rücken der Schnecke lässt zwischen Mantel und Schwanzspitze auch deutliche Rillen erkennen, ihr Schleim ist transparent.

Die nicht sehr agile Dunkle Kielnacktschnecke ist eigentlich in Nordwestafrika und im Südwesten Europas beheimatet, wandert aber derzeit nordostwärts und hat Italien, Deutschland und die Niederlande erreicht – möglicherweise verursacht durch infizierte europaweite Gemüsetransporte – sodass sie möglicherweise auch in den Niederungen Österreichs künftig gelegentlich auftreten mag. Schadfraß ist nördlich der Pyrenäen und der Alpen nur in Gewächshäusern möglich.

Aus Gegenrichtung unterwegs ist der aus Südosteuropa stammende, inzwischen nordwestwärts ausgebreitete Boden-Kielschnegel. Bereits 1921 war er in England angekommen. Er ist, ausgewachsen, mit 70 Millimetern Länge größer als die Dunkle Kielnacktschnecke, aber ebenso schmal. Der Boden-Kielschnegel ist graubraun bis grauschwarz gefärbt, mit einem Netz schwarzer Flecken auf dem Körper. Die Unterseite ist hellgrau (Ränder heller als die Mitte), der Schleim transparent. Charakteristisch für die Art ist der helle bis gelbliche Kiel auf dem Rücken des Tieres, der aber auch gleichfarbig mit der Grundfärbung ausfallen kann. Die meist tief im Boden lebende Art fällt mitunter durch Saat- und Wurzelfraß auf und kann im Getreidebau (Saat) und im Glashaus (Tomaten, Zierpflanzen) wirtschaftliche Schäden verursachen.

Von allen in diesem Kapitel genannten Schneckenarten werden Variabilitäten berichtet und, speziell bei der Wegschnecke, offenbar auch Bastardisierungen zwischen den Arten. Nicht zuletzt deswegen sind Nacktschneckenarten mitunter einander so ähnlich, dass sie nur ein versierter Malakologe konkret bestimmen und zuverlässig differenzieren kann.

Schnecken im Wassergarten

Auch der Wassergarten birgt seine Schnecken(plagen). Vor allem die Posthornschnecke (*Planorbarius corneus*) sowie verschiedene Schlammschnecken (*Lymnaeidae*) kommen hier vor. Die Sumpf-Schlammschnecke (*Stagnicola palustris*) bleibt mit 35 Millimetern kleiner als die fast doppelt so große Große Schlammschnecke (*Lymnaea stagnalis*). Eher gelegentlich anzutreffen sind im Gartenteich die Gekielten Tellerschnecken (Gattung *Tropidiscus*) und Bernsteinschnecken (*Succinea putris*). Nur etwa 20 bis 30 Millimeter groß wird die mit einem stumpfen Kegel ausgestattete Ohr-Schlammschnecke (*Radix auriculata*), wie auch ihre Schwesterart (*Radix ovata*).

Die Spitz-Schlammschnecke ist der hauptsächliche Zwischenwirt des Saugwurms *Trichobilharzia*, der Wasservögel parasitiert und beim in Naturschwimmteichen badenden Menschen Auslöser der sogenannten Schwimmbad-Dermatitis sein kann. Neben diesen Wasser-Lungenschnecken ist im Gartenteich auch die kiemenatmende, getrenntgeschlechtliche und lebendgebärende Deckelschnecke (Gattung *Viviparus*) vertreten.

Tellerschnecken, wie die Posthornschnecke mit ihrem charakteristisch geformten Gehäuse, sind Bewohner des Gartenteichs.

Im naturnahen Raum gelangt Schneckenlaich mitunter über das Gefieder von (Wasser-) Vögeln, speziell Enten, in den Garten – vorwiegend aber mit zugekauften oder getauschten Wasserpflanzen. Posthornschnecke, Deckelschnecke und Sumpfschnecke und leider häufig auch die Spitz-Schlammschnecke werden sogar gezielt als Algenabweider zugesetzt. Schneckenlaich finden Sie üblicherweise an Teichpflanzen. Sie erkennen ihn als eine wurst- bis länglich klumpenförmige, gallertige Masse, in der in fortgeschrittenem Stadium die einzelnen Eier mit ihren Schnecken darin auch mit bloßem Auge erkennbar sind. Im Wassergarten werden sie nur dort unmittelbar ärgerlich, wo sie überhandnehmen. Lediglich die Spitzschlammschnecke verursacht unmittelbaren Schadfraß an zarten Pflanzenarten (zum Beispiel Kahlfraß bei Wasserstern, Wasserschlauch) und sollte vor allem aus den genannten gesundheitlichen Gründen nicht in Schwimmteiche gelangen.

(Foto: Bildagentur Waldhäusl/Hauser Steffen)

Schneckenunfreundliche

Pflanzenkultur

Zu gärtnern bedeutet, im Garten und an der Pflanze zur rechten Zeit das Richtige zu tun. Gerade das macht das Gärtnern so facettenreich: Gärtnern, das ist keine romantische Strohhutidylle, keine betuliche Beschaulichkeit. Gärtnern ist Beobachten. Bedeutet, mit den Lebenssträngen der Natur zu leben – ihren Wechselfällen ebenso wie ihrer Beständigkeit. Und heißt ganz besonders, aus all diesen natürlichen Vorgaben ureigenes gestaltendes Handeln erwachsen zu lassen. Das Gärtnern erfordert ein Höchstmaß an Überblick, an vertieftem Wissen und an zukunftsgerichteter Kreativität. Und das Gärtnern hat darüber hinaus nicht allein den Blick auf die (Garten-)Welt, sondern auch nach innen, ins eigene Ich: Was macht das Gärtnern mit mir? Welche „Entschleunigung" bedeutet es für mich, welche Ruhe, Besinnlichkeit, Meditation? Welchen Ertrag, welchen Beitrag zu meiner Ernährung, welchen kulinarischen Genuss? Welche Anstrengungen, Herausforderungen? Welche Grenzen meines Wissens, Könnens und Handelns zeigt es mir auf?

Vorausschauend Gärtnern

An dieser Stelle kommen die Schnecken ins Spiel: Sie sind eine dieser Vorgaben der Natur – gleichsam ein Querschläger für die gärtnerische Geradlinigkeit. Geradlinigkeit? Zu „garteln" war lange Zeit geradlinig. Gerade Beete und Wege, schnurgerade Saatrillen und Rasenkanten, klare Kante bei der Unterscheidung zwischen nützlich und schädlich. Hier hat ein maßgeblicher Wandel stattgefunden. Je mehr wir begriffen haben, wie das eine der Natur mit dem anderen des Gartens zusammenhängt, haben sich geradlinige Gedankenstränge des Gärtners mehr und mehr zu einem dichten Netz von Natur verstehendem Gartenwissen verwoben. Und wenn einmal ein Faden reißt, umso mehr trägt dann der starke Verbund des stabilen Gartennetzes.

Ganz konkret bedeutet das: Wenn eine Schnecke im Garten auftaucht, gibt es im naturnahen Garten durch natürliche Feinde und naturnahe Abwehrmaßnahmen viele Möglichkeiten, sie zu dulden und unterhalb der Schadschwelle zu halten. Und es ist wichtig zu wissen: Nur wenn auch Schnecken im Garten sind, bleiben deren Fressfeinde – unsere Verbündeten im Kampf gegen Schnecken im Garten – überhaupt vor Ort erhalten!

Bedeutet aber nun das Gärtnern, im Garten und an der Pflanze zur rechten Zeit das Richtige zu tun, dann bedeutet das im Hinblick auf die Schneckenbekämpfung im Garten: Durch die Art und Weise, wie Sie als Gärtner handeln, machen Sie den Schnecken das Leben schwer und weisen ihnen ganz eindeutig Gartenbereiche zu, in denen Sie sie in strengen Grenzen dulden, und solche, in denen sie ein unmissverständliches No-Go sind.

Geeignete Kulturflächen wählen

Der Schneckenversteher weiß, dass Schnecken aufgrund ihres Körperbaus und ihrer Körperfunktionen an feuchte Lebensräume mit Versteckmöglichkeiten gebunden sind, von denen sie auf ihre „Weideflächen im Garten" zuwandern. Üblicherweise liegt der Aktionsradius bei etwa zwei Metern um ihr Versteck herum. Aber auch Schnecken aus zehnfacher Entfernung können von attraktiven Düften, zum Beispiel von Bierfallen oder bevorzugten Beweidungspflanzen wie Tagetes, in den Garten gelockt werden. Wenn möglich sollten deshalb die Kulturflächen im Garten weitab von den Lieblingsnatur- und -gartenbereichen der Schnecken liegen. Wo es arbeitsmäßig zu leisten ist, können Sie am Gartenrand, aber auch an der Grenze von naturnahen und kulturbetonten Bereichen im Garten Schneckenbarrieren errichten. Das kann beispielsweise geschehen durch Streumittelbarrieren (s. Seite 48), Krautbarrieren (s. Seite 41) oder auch Duftbarrieren.

Die richtige Bodenbearbeitung

Die Bodenbearbeitung in ihrem Garten dient der Bodenreinigung von Wildwuchs, aber auch der Bodenlockerung und Förderung der Bodengare. Durch die Art und Weise wann und wie Sie den Boden bearbeiten, können Sie die Bodenpflege schneckenfreundlich oder schneckenunfreundlich gestalten. Fast alle Schnecken – mit Ausnahme weniger Arten – sind nicht in der Lage, aktiv zu graben. Sie nutzen Erdspalten und erdnahe Unterschlupfe, um sich im Boden zu verkriechen und so vor Austrocknung zu schützen. Solche Ritzen können sie allerdings aktiv weiten, indem sie hineinkriechen und sich darin zusammenziehen. Deshalb ist es die Aufgabe jeder Gärtnerin und jedes Gärtners, rund ums Gartenjahr den Boden möglichst spaltenfrei zu halten. Dazu gehört zum Beispiel, auftretende Maulwurfs- und Mäuselöcher und -gänge sofort nach ihrem Auftreten zu zerstören.

Hacken Sie grobschollige Beetflächen im Frühjahr beizeiten, noch bevor die ersten überwinterten beziehungsweise geschlüpften Schnecken auftreten. Hacken Sie den Boden unterm Jahr nur sehr flach, mit einer Bügelzughacke. Tiefes Hacken mit einem Dreizack oder gar Kultivator erzeugt schneckenfreundliche Oberflächenstrukturen.

Rotklee mögen Schnecken nicht, weswegen er als eine Barrierepflanze genutzt wird. (Foto: Martina Berg/fotolia.com)

Wenn nach Regenfällen die Beetfläche aus Verdunstungsschutzgründen tief gehackt werden muss, legen Sie nach dem Abtrocknen der Oberfläche einen zweiten Arbeitsgang ein, mit dem Sie die Oberfläche wieder glätten, zum Beispiel mit Harke oder kleiner Walze. Verlegen Sie die Tiefenlockerung mit dem Sauzahn auf frostgünstige Tage im November, Dezember – dann, wenn keine Schnecken mehr unterwegs sind. Das Gleiche gilt für das grobschollige Umgraben. Frühes Umgraben im zeitigen September oder Oktober lädt Schnecken zur Eiablage und auch zur Überwinterung geradezu ein. Anders als bei der Bodenlockerung durch den Sauzahn geraten beim späten tiefen Umgraben alle Schnecken und Gelege, die sich in bis etwa zehn Zentimetern Bodentiefe befinden, mit dem Schollenwenden mindestens doppelt so tief in den Boden. Schließen Sie danach durch Grubbern der Scholle alle Spalten. Sie verdichten sich im Winterverlauf durch Niederschläge noch weiter, sodass die im Boden eingeschlossenen Schnecken und Eier zuverlässig eingehen.

Je gezielter Sie die Gartenpflanzen bewässern, desto schneckenunfreundlich trocken bleibt der Rest des Beetes. (Foto: norrie39/fotolia.com)

Richtig wässern: wann und wie?

Schneckenversteher bewässern ihre Gartenpflanzen gezielt, gilt es doch zu vermeiden, dass ein genereller Feuchtefilm ein schneckengünstiges Milieu schafft und es den Tieren erleichtert, im Garten umherzustreifen. Vermeiden Sie das generelle Bewässern mit Schlauch und Regner, speziell bei schneckengefährdeten Beeten. Sinnvoller ist die Einzelpflanzenbewässerung mit der Gießkanne, und wenn Arbeit eingespart werden soll, ist eine Tröpfchenbewässerung oder ein Tropfschlauch empfehlenswert. Dieses ganz gezielte Gießen ist am Abend günstig. Je flächiger Sie bewässern, desto eher sollte die Tätigkeit in den frühen Morgen verlegt werden, um den Schnecken in ihren nachtaktiven Phasen keinen (Feuchte-)Vorschub zu leisten. Es gibt Stimmen, die anregen, in trockeneren Zeiten naturnahe Gartenbereiche sowie naturnahe Flächen außerhalb des Gartens feucht zu halten, damit sich die Schnecken dort und eben nicht im trockener gehaltenen Garten aufhalten. Das ist jedoch ein Trugschluss. Wenn sich die Schnecken in feuchtem Milieu über ihre Haut erst einmal mit Wasser aufgetankt haben, wandern sie zum Weiden auch 2 bis 20 Meter zu ihren Nahrungspflanzen herüber.

Mulchen – oder besser nicht?

An sich ist das Mulchen eine äußerst effektive Maßnahme, in schneckengefährdeten Lagen sollte man jedoch abwägen, ob nicht der Schaden überwiegt. Mit gehäckselten Gartenabfällen wie Grasschnitt zu mulchen kann Schnecken ins Beet locken, die solche Pflanzenreste verzehren. Aber auch vordergründig harmlosere, weniger nahrungsrelevante Mulchmaterialien wie grober Rindenmulchhaben ihre Tücken. Zum einen gibt es pilzzehrende Schneckenarten, die – wenngleich wenig relevant für Gartenpflanzen – sich darauf durchaus ansiedeln. Zum anderen bietet die große Oberflächenstruktur solcher Mulchmaterialien dort, wo sie feucht genug ist, Schnecken Unterschlupf. Mit Kompost zu mulchen ist dann sinnvoll, wenn der Kompost bereits gut durchgerottet ist, aber hierbei sind der hohe Nährstoffeintrag und der passende Düngungszeitpunkt zu bedenken. Am besten eignen sich trockene Materialien wie Laub, Staudenschnittgut, aber auch Stroh. Sie werden gehäckselt und so mäßig aufgetragen, dass der Boden gerade bedeckt ist. Auch *Miscanthus*-Mulchgut ist dazu geeignet, aber vergleichsweise hochpreisig. Unter der Mulchschicht muss der Boden möglichst spaltenfrei sein. Nach Niederschlägen wird dann das Mulchmaterial in den Boden eingearbeitet und eine neue Mulchschicht aufgetragen. Vergleichsweise arbeitssparend lässt sich an geeigneter Stelle Mulchfolie einsetzen (s. Seite 39).

Schneckenverstecke

Vor allem tagsüber, aber auch zu trockeneren Zeiten, nehmen Schnecken gerne feuchtkühle Versteckmöglichkeiten an. Diese Verstecke, wie zum Beispiel Stein- oder Totholzhaufen, können in abgelegenen Gartenbereichen gezielt für Schnecken angelegt werden. Das gelingt auch, solange sie dort Nahrung finden und nicht durch verlockende Nahrungsdüfte in Kulturflächen gezogen werden.

Rund um Kulturflächen können Sie den Tieren aber Schneckenverstecke der besonderen Art als Rückzugsmöglichkeiten anbieten, zum Beispiel Holzbretter, feuchte Kartonagen, Rhabarberblätter, Hohlblocksteine, flache Steine mit darunter geschaffenen Hohlräumen, Dachziegel, Tonröhren, Tontöpfe. Aus diesen Verstecken können sie dann gezielt abgesammelt und abgetötet werden.

Werden Beete auf Lückenschluss bepflanzt, um Boden komplett zu bedecken und so zu schützen, ist das aus gärtnerischer Sicht durchaus sinnvoll. Allerdings bietet sich Schnecken dadurch eine besonders angenehme Schutzzone, die sie gerne aufsuchen und dort auch ihre Gelege anlegen.

Was Sie noch tun können

Es sind gerade die Jungpflanzen mit ihren zarten Trieben, die von Schnecken bevorzugt abgefressen werden. Dahlien, Kartoffeln, Kohl, Rittersporn, Salat, Tagetes – Gemüsegarten und Ziergarten sind voll von Leckereien für Schnecken. Speziell in stärker schneckengefährdeten Lagen bedarf es daher bei der Jungpflanzenanzucht einer entsprechenden Kulturtechnik. Wer seine Jungpflanzenanzucht weiterhin im Beet durchführen möchte, sollte die Beete gleich nach Aussaat beziehungsweise Pflanzung mit einem Schutzvlies überdecken. Allerdings können sich hier schon Schnecken verstecken, die es sich dann unter dem Vlies gut gehen lassen. Vorsorglich geben Sie deshalb zwischen die gesetzten Jungpflanzen umweltverträgliches Schneckenkorn auf Eisen-III-Phosphat-Basis (s. Seite 40).

Nützliche Schneckenzäune

Alternativ dazu besteht die Möglichkeit, ein von einem Schneckenzaun gesichertes eigenständiges Jungpflanzenbeet anzulegen und die Anzucht von Jungpflanzen hineinzuverlegen. So erzeugen Sie eine Auswahl an kräftigen Jungpflanzen in der erforderlichen Menge und setzen diese in einem Stadium ins Beet, in dem sie den Schnecken relativ schnell davonwachsen (speziell bei Kohlarten). Dennoch ist es angeraten, die Jungpflanzen nach dem Setzen entweder ebenfalls unter Vliesabdeckung zu nehmen oder sie wahlweise mit Schneckenringen oder Abdeckhauben individuell zu schützen.

Schlussendlich besteht die Möglichkeit, die Jungpflanzenanzucht komplett aus dem Beet und Freiland zu nehmen und sie auf Gewächshaustische in einem Kleingewächshaus oder Folientunnel zu verlagern. Das ermöglicht komfortables Arbeiten und holt die Jungpflanzen weg vom Boden, auf dem sich unbemerkt Schnecken tummeln können. Vorausgesetzt, sie halten strenge Kulturhygiene ein und lagern Töpfe und Erden folglich so, dass sich keine Schnecken oder Schneckeneier an ihnen befinden, wenn Sie sie zur Hand nehmen. Mit dem Auspflanzen der Jungpflanzen (der selbst erzeugten wie der beim Gärtner zugekauften) gilt auch nach der Anzucht unter Glas oder Folie: sicherheitshalber Vliesabdeckung, Schneckenringe oder Abdeckhauben anbringen und prophylaktisch umweltverträgliches Schneckenkorn anwenden.

Solchermaßen geschützt kann der Salat in Ruhe wachsen und gedeihen.
(Foto: Arco Images/O. Diez/Bildagentur Waldhäusl)

Schnecken beködern

Lieblingspflanzen von Schnecken, wie Gelbsenf, Tagetes und grünblättrige Salate, dazu Gemüseabfälle und Schneckenaas, all das lockt bekanntlich Schnecken herbei. Andererseits kann solches Schneckenfutter als eine Art Köder fungieren; die Schnecken müssen dann nur noch abgesammelt werden. Am geschicktesten sind solche Köderplätze am Rand von schneckensensiblen Gartenbereichen anzubringen. Zwei Futterplätze pro Quadratmeter haben sich bewährt, es muss allerdings intensiv abgesammelt werden. Erfolgt das Absammeln nicht engmaschig und konsequent, entwischen die gemästeten Schnecken und vermehren sich umso fruchtbarer. Die Verweildauer der Schnecke am Futterplatz liegt bei etwa einer halben Stunde. Neben den genannten Ködern eignen sich auch Legehennenmehl, Katzendosenfutter und ein Gemisch aus feuchter Weizenkleie mit aufgeweichtem Hundegebäck.

Schneckenkorn

Ein großes Thema in der Schneckenbekämpfung ist das Schneckenkorn. Es handelt sich dabei ebenfalls um eine Art Köder. Dabei kommen im Wesentlichen drei Wirkstoffe zur Anwendung: Metaldehyd, Methiocarb und Eisen-III-Phosphat. Spätestens im Biogarten sind die ersten beiden aufgrund ihrer Wirkstoffe nicht akzeptabel.

Kübelpflanzen sichern

Topf- und Kübelpflanzen sind optische Glanzlichter im Garten und bedeuten den Feinschliff der individuellen Gartengestaltung. Sie kaschieren Unschönes durch ihre Höhe und Breite, sie füllen Nischen harmonisch aus und binden sie damit in das optische Gartengesamtgefüge ein. Einige Topf- und Kübelpflanzen sind aber auch für Schnecken äußerst attarktiv, wie Blumenrohr (*Canna*).

Die Schnecken werden vom Geruch der Pflanzen über weite Strecken hinweg angelockt, und es ist vergleichsweise leicht für sie, Pflanztopf und Kübel emporzukriechen und den gewölbten Topfrand zu überwinden. Einmal den Erdballen der Pflanze erreicht, sind es nur noch wenige Schritte bis zum Anfressen der Pflanze oder gar zur Eiablage im Erdballen.

Tagetes - für Schnecken eine Tischlein-Deck-Dich-Pflanze. (Foto: LianeM/fotolia.com)

Um speziell dem Befall der Topf- und Kübelpflanzen durch Nacktschnecken vorzubeugen ist es förderlich, sie so aufzustellen, dass trockene Strecken zu ihnen führen, die für die in Versuchung geratenen Schnecken mühsamer zu überwinden sind. Stellen Sie die Einzelpflanzen zudem so auf, dass sie gut durchlüftet sind. Ein trockeneres Kleinklima beugt nicht nur Pilzkrankheiten, wie Grauschimmel (*Botrytis cinerea*), vor. Es wird auch von Schnecken als unangenehmer empfunden. Um die Schnecken am Emporkriechen an den Töpfen zu hindern, wenden sie Anti-Schnecken-Paste an.

Rotlaubige Salatsorten fressen Schnecken weniger gerne bis gar nicht, grünlaubige jedoch mit großem Appetit. (Foto: Petra Hegewald/pixelio.de)

Den Schnecken eine Falle stellen

Eine Schutzfunktion können zudem die Untersetzer übernehmen, wenn sie etwas größer als erforderlich ausgewählt werden. Gießen Sie die Kübelpflanzen von unten, über diese Untersetzer, am besten abends und so, dass über Nacht ein Zentimeter Restwasser im Untersetzer stehen bleibt. Dann krabbeln die Schnecken bestenfalls bis an den inneren Rand des Untersetzers, können die Wasserbarriere aber nicht überwinden. Dieses Verfahren bedingt aber gärtnerisches Können: Sie müssen die von der Pflanze benötigten Wassermengen recht genau kennen und den Wasserüberschuss so knapp bemessen, dass die Kübelpflanzen keinen Staunässeschaden abbekommen.

Hier hat sich die Anschaffung eines Wassermengenzählers bewährt, der einfach zwischen Schlauch und Gießaufsatz angeschlossen wird. Damit können Sie für jeden Topf auf 100 Milliliter genau die exakt benötigte Wassermenge applizieren. Engelstrompeten und Oleander (*Nerium oleander*) sind diesbezüglich recht unempfindlich, beide vertragen Überschusswasser recht gut. Bei diesen beiden können Sie Untersetzer mit etwas Überschusswasser als Dauerbarrieren auf jeden Fall anwenden.

Ein anderer Trick besteht darin, den Zwischenraum zwischen Topf und Untersetzerrand mit Zweigen beziehungsweise Laub aufzufüllen, das von Schnecken gemieden wird. Und zu guter Letzt gibt es noch die Möglichkeit, einen Untersetzer auf den Kopf zu drehen und ihn so auf einen Ziegelstein zu legen. Auf die nun nach oben weisende Untersetzerunterseite stellen Sie die Kübelpflanze. Dann nämlich bildet der Rand des Untersetzers einen nach unten und zugleich außen weisenden Rand – ebenso wie derjenige, den die Schnecken an einem Schneckenzaun nicht überwinden können. Achten Sie bei diesem Verfahren aber auf Standsicherheit der nun erhöht und möglicherweise leicht rutschig platzierten Kübelpflanze.

Grundsätzlich ist es für Kübelpflanzen wichtig, sie auf keramische Füßchen zu stellen, auch zwei Stück Dachlatte leisten gute Dienste. Über den zwischen Topfboden und Stellplatz entstehenden Spalt ist gewährleistet, dass Überschusswasser aus den Kübeln jederzeit leicht abfließen kann und nicht zu Staunässe führt. Dieser Spalt hat aber seine Tücke, weil er abgedunkelt und feucht ist, also als Schneckenruheplatz dienen kann. Machen Sie sich das zunutze und beködern Sie die Schnecken genau hier mit Pflanzen, die sie besonders gerne mögen: ein paar Tagetes-Blätter, zum Beispiel. So können Sie die unter Töpfe und Kübel gelockten Schnecken dort leicht absammeln. Das geht natürlich einfacher, wenn Sie statt Füßchen oder Dachlatte praktische Pflanzenroller verwenden und auf diesen die Kübelpflanze zur Schneckenkontrolle einfach beiseiterollen können. Zwischenzeitlich waren auf dem Markt sogar Pflanzgefäße für Topf- und Kübelpflanzen aufgetaucht, über deren Topfboden zwei umlaufende Drähte angebracht sind, auf die mithilfe einer Batterie eine kleine Spannung angelegt wird. So erhielten Schnecken, die diese Barriere querten, einen elektrischen Schlag, der sie am weiteren Emporkriechen hinderte. Durchgesetzt haben sie sich anscheinend nicht – was angesichts der zu befürchtenden Kurzschlüsse beziehungsweise Spannungsentladungen bei regennassen Töpfen nicht verwundert.

Pflanzen sind in Töpfen und Kübeln nicht automatisch vor Befraß durch Schnecken geschützt. (Foto: Floydine/fotolia.com)

Gartenrandstreifen anlegen

In naturnaher Gartenlage, dort wo Schnecken aus passenden natürlichen Lebensräumen wie Grasland, Ackerland, Hecken, Waldungen und Gewässerrändern in den Zier- und Nutzgarten einzuwandern drohen, ist es sinnvoll, Schutzstreifen um den Garten herum anzulegen. Im einfachsten Fall bedeutet das, umgebende Grasflächen regelmäßig zu mähen, um so deren Attraktivität als Feuchtluft-Lebensraum für Schnecken zu vermindern. Auch breite Kies- und Sandstreifen erfüllen diesen Zweck und nicht zuletzt das Einsäen mit Pflanzen, die Schnecken nicht mögen, zum Beispiel Rotklee (*Trifolium pratense*).

Nützliche Handarbeit

Das wichtigste Werkzeug des Gärtners ist noch immer die geschickte Hand. Deswegen hat das Absammeln von Gartenschnecken – trotz aller nachfolgend erläuterten Schwächen dieser Methode – seine Bedeutung behalten. Aber auch andere gärtnerische Arbeiten helfen Ihnen dabei, bei einer Schneckenplage die Oberhand zurückzugewinnen und im nur mäßig von Schnecken attackierten Garten deren Population unterhalb der Schadschwelle zu halten. Nicht minder wichtig ist der mitdenkende Kopf. Denn Schneckenabwehrmaßnahmen ohne Sinn und Verstand auszuführen kann bestenfalls zu Zufallstreffern führen, aber nie zu einem strategischen Erfolg. Deshalb finden Sie bei den nun folgend aufgeführten gärtnerisch-handwerklichen Pflegemaßnahmen immer auch das sie begleitende Für und Wider erwähnt, damit Sie sich vor dem Hintergrund Ihres eigenen Schneckenverstehens mit der Methode eigenständig auseinandersetzen können. Nur so können Sie abwägen, ob diese mögliche Maßnahme für Ihre individuelle Gartensituation überhaupt infrage kommt, und dann über ihre Anwendung sicher entscheiden. Nichts ist nämlich schlimmer, als irgendwelchen Anti-Schnecken-Tipps hinterherzuplappern, wie sie zum Beispiel gerade in Internetforen von selbst ernannten „Gartenexperten" verbreitet werden. Seien Sie Ihr eigener Schneckenversteher – und denken Sie mithilfe der hier angebotenen verlässlichen Informationen kreativ lösungsorientiert und vor allem situativ mit!

Verrottendes Pflanzenmaterial - gleichsam ein Festschmaus für Schnecken.
(Foto: airborne77/fotolia.com)

Beet- und Kulturhygiene

Gerade in schneckenreicher Gartenlage ist es wichtig, Gartenabfälle nicht in den Beeten liegen zu lassen, sie ziehen unmittelbar Schnecken an. Alle Pflanzenabfälle gehören auf den aufgesetzten Kompost, sollen also nicht flächenkompostiert werden. Der Komposthaufen muss in heißer Rotte gefahren werden – was im Hausgarten gärtnerisches Glück verlangt –, um einwandernde Schnecken sowie deren Gelege sicher abzutöten. Aus dem Kompost darf außerdem nur komplett verrotteter Humus in den Garten kommen.

Der Schneckenzaun, fertig zugekauft oder selbst gebaut, ist ein hochwertig wirksames Instrument, um Schnecken aus dem Garten fernzuhalten. (Foto: Arco Images/O. Diez/Bildagentur Waldhäusl)

Unkraut ist im Hinblick auf Schnecken im Garten weniger bedenklich. In geringem Maße toleriert, können unerwünschte Wildkräuter, auch „Spontanvegetation“ genannt, zwischen den Kulturpflanzen zu Ablenkungspflanzen werden, die von Schnecken noch vor den Kulturpflanzen angefressen werden. Eine ähnliche Funktion übernehmen Fangpflanzen auf dem Beet, von denen die Schnecken wie von Ködern (s. Seite 40) abgesammelt werden können, weil sie diese Fangpflanzen ebenfalls bevorzugt fressen und hier umso eher anzutreffen sind. Aber auch hier gilt: Mit ihrem Duft können Fangpflanzen Schnecken aus Flächen außerhalb des eigenen Gartens überhaupt erst in ihn hineinlocken.

Natürliche Erleuchtung

Anstelle einer Taschenlampe empfiehlt sich bei der nächtlichen Schneckenjagd eine Stirnlampe. So behalten Sie die Hände frei und können besser agieren.

Schnecken absammeln

Das Absammeln ist die scheinbar unkomplizierteste Variante der Schneckenbekämpfung: aufheben, wegtragen – fertig. Aber ganz so einfach ist es dann doch nicht. Trotzdem hat diese Methode ihren besonderen Reiz, denn sie ist völlig kostenlos und ohne jegliche Hilfsmittel durchführbar. Es gibt jedoch Menschen, denen der Kontakt zu den Schnecken, speziell den Nacktschnecken, unangenehm oder sogar ekelig ist. Die sind dann gut beraten, bei dieser Arbeit wasserfeste, griffige Gartenhandschuhe zu tragen; für Jung- und Kleinschnecken sind Latexhandschuhe besser geeignet, weil sie ein feineres Fingergefühl zulassen. Wer noch mehr Distanz zu den Schnecken benötigt, als Handschuhe dies ermöglichen, verwendet eine Schneckenzange (s. Seite 52). Gelegentlich werden zum Absammeln von ausgewachsenen beziehungsweise größeren Schnecken auch Schneckenspieße anempfohlen – Stäbe mit einem Dornfortsatz, wie sie aus einem alten Besenstiel und einem an der Spitze daran befestigten Nagel leicht selbst zu bauen sind. Sie sind aber nicht unbedingt das beste Mittel der Wahl. Zum einen rutschen die aufgespießten Mollusken leicht vom blanken

Stahl, und verwenden Sie statt eines Nagels eine Schraube, lassen sich die Schnecken davon nur schwer abstreifen. Zum anderen fügt das Aufspießen den Tieren eine große Wunde zu, an der sie bis zu ihrem Tod leiden – und das muss schließlich nicht sein. Besser ist es, die Schnecken unversehrt abzusammeln und sie effektiv schnell zu töten.

Das Absammeln hat darüber hinaus auch seine arbeitswirtschaftlichen Schwächen. Einerseits ist da der sinnvollste Sammelzeitpunkt: In den Abend und Nachtstunden sind die Schnecken am ehesten aktiv und damit auch anzutreffen. Aber es ist nicht jedermanns Sache, um diese Zeit mit Taschenlampe, Eimer und Schneckenzange versehen durch den Garten zu kriechen, um nach Schnecken zu suchen. An feuchten Tagen sind die Schnecken außerdem auch tagsüber unterwegs. Viele Gartenbesitzer sind aber berufstätig und daher um diese Zeit zum Schneckenablesen gar nicht verfügbar.

Andererseits ist da der erforderliche Zeitaufwand, den Sie bei dieser Methode tagtäglich zu Kontroll- und Sammelzwecken erbringen müssen. Betriebswirtschaftlich gedacht kann es also effizienter sein, die ständig wiederkehrende Arbeit des Absammelns durch einmal investiertes Kapital zu ersetzen, indem Sie zum Beispiel ein Gartenvlies oder einen Schneckenzaun anschaffen.

Je nach Befallssituation fallen für das Absammeln der Schnecken zu verschiedenen Jahreszeiten unterschiedliche Arbeitsspitzen an. Handelt es sich beim Befall um Schneckenarten, deren Lebenszyklus in etwa dem Jahreszyklus folgt – wie der Kapuzinerschnecke –, dann gilt es besonders im Frühjahr und Sommer die schlüpfende Brut beziehungsweise die Halbwüchsigen zu erwischen, noch bevor sie sich im Spätsommer und Herbst vermehren und ihre Eier ablegen. Bei Schneckenarten mit Generationswechseln binnen eines Gartenjahres – wie der Genetzten Ackerschnecke – müssen Sie am Ball bleiben und regelmäßig und engmaschig kontrollieren und absammeln. Sie erleichtern sich die Sammelarbeit, indem Sie den Schnecken am Gartenrand Köderplätze oder Unterschlupf anbieten, unter dem es feuchtkühl ist: im einfachsten Fall Rhabarberblätter, wahlweise Kartonagen, Holzbretter oder größere Stücke Holzrinde, wie sie an Fäll- und Abfuhrstellen von Stammholz im Wald herumliegen. Dieser Tipp ist insofern zweischneidig, als Schneckenmagneten eben auch diejenigen Tiere aus Nachbars Garten sowie von Naturflächen in Gartennachbarschaft anziehen. Andererseits ist es einfacher, Schnecken an Versammlungsplätzen abzulesen, als jeder an ihrem Einzelstandort hinterherzuspüren.

Wohin mit den Schnecken?

Letztlich bleibt da die Frage nach dem Verbleib der eingesammelten Schnecken. In diesem Punkt hat deren Absammeln einen Vorteil: Sie können die Schnecken differenziert entsorgen. Der harmlosen wie des Tigerschnegels (*Limax maximus*) und der möglicherweise sogar geschützten Arten, wie der Weinbergschnecke (*Helix pomatia*), können Sie sich an passender Stelle in der Natur entledigen, als am Leben gelassenes Tier.

Schadschnecken gilt es qualfrei und schnell abzutöten. Das geschieht – nach Stand der Kenntnis – offenbar am besten, indem die Mollusken mit siedendem Wasser übergossen werden – so, wie auch Speiseschnecken und -muscheln und Krebstiere unverzüglich abgetötet werden. Das heiße Wasser zerstört nämlich sehr schnell alle Nervenbahnen – schneller als andere qualvolle Tötungsmaßnahmen, wie das Zerschneiden oder Einsalzen der Tiere. Sofern die abgetöteten Tiere nicht für Schneckenjauche (s. Seite 50) verwendet werden sollen, müssen Sie sie so entsorgen, dass die liegen gelassenen Kadaver nicht andere Nacktschnecken anziehen, die sie auffressen. Dazu graben Sie die toten Schnecken am einfachsten einen Spatenstich tief an passender Stelle im Gartenbeet ein, wahlweise im Komposthaufen. Wo sie verfügbar ist, können Sie sie ebenso gut in die Biotonne entsorgen.

Zerschneiden oder zertreten?

Schnecken zu zerschneiden ist keine sehr gute Idee. Ihr Körper verfügt über mehrere voneinander getrennte Nervenzentren, und das Zerschneiden tötet sie zwar ab, aber nicht unmittelbar, sondern sehr qualvoll. Hinzu kommt, dass die Schnitte üblicherweise mit einer Schere durchgeführt werden, die bekanntlich keinen Gleitschnitt erzeugt, so wie es ein scharfes Messer tut, sondern einen Quetschschnitt, speziell dann, wenn Sie als Gartenschere keine Bypass-Schere, sondern eine Amboss-Schere verwenden. Sollten Sie sich für das Zerschneiden von Nacktschnecken entscheiden wollen, so trennen Sie die Schnecke in der Mitte des Mantels durch. Sie treffen dabei auch das Herz und bewirken einen raschen, relativ qualfreien Tod. Im Einzelfall ist das Zertreten der Schnecke im Hinblick auf Qualvermeidung tötungseffektiver.

Arbeit – Kosten – Wirksamkeit

Schnecken absammeln:

- Arbeits- beziehungsweise Kostenaufwand (A/K): * *
- Praktikabilität (P): * * *
- Wirksamkeit (W): * * *

Erklärung:

- A/K: niedrig = *****, hoch = *
- P: niedrig = *, hoch = *****
- W: niedrig = *, hoch = *****

Arbeit – Kosten – Wirksamkeit

Schnecken zerschneiden oder zertreten:

- Arbeits- beziehungsweise Kostenaufwand (A/K): * * * * *
- Praktikabilität (P): * * * * *
- Wirksamkeit (W): * * * * *

Erklärung:

- A/K: niedrig = *****, hoch = *
- P: niedrig = *, hoch = *****
- W: niedrig = *, hoch = *****

Nicht alle Arten Schneckenkorn sind für die Anwendung im Biogarten sinnvoll. (Foto: Gina Sanders/fotolia.com)

Schneckengelege zerstören

Diese immer wieder empfohlene Bekämpfungsmethode ist ein mühsames Unterfangen. Bei der Bodenbearbeitung, dem Hacken oder Grubbern fallen immer wieder einmal Schneckengelege auf, deren Eier dann zertreten und zerstört werden können. Allerdings ist es umständlich und praktisch unmöglich, gezielt alle Schneckengelege ausfindig machen zu wollen – zumal etwa die Genetzte Ackerschnecke ihre Eier in bis zu zehn Zentimetern Bodentiefe ablegt. Zudem legt beispielsweise eine *Arion*-Art 200, 300 oder gar 400 Eier in insgesamt etwa fünf bis 15 Gelegen ab. Alle Schneckengelege im Garten werden aus diesem Grund nie umfassend zerstört werden können.

Wirksamer ist diese nicht grundsätzlich verkehrte Methode allerdings im Kübel- und Knollengarten. Wenn Sie nämlich Topf- und Kübelpflanzen aus dem Freien umtopfen oder einwintern, ist es sinnvoll, dabei die obere Bodenschicht mithilfe einer Pflanzkelle oder noch besser eines Handsporks gezielt nach Schneckengelegen abzusuchen. Achten Sie dann darauf, die Pflanzenwurzeln so wenig wie möglich zu zerstören. Beim Einwintern von Knollen, allen voran Dahlienknollen, ist es obligatorisch, die daran anhaftende Erde konkret auf das eventuelle Vorkommen von Schneckengelegen hin zu überprüfen.

Arbeit – Kosten – Wirksamkeit

Schneckengelege zerstören:

- Arbeits- beziehungsweise Kostenaufwand (A/K): * *
- Praktikabilität (P): * *
- Wirksamkeit (W): * *

Erklärung:

- A/K: niedrig = *****, hoch = *
- P: niedrig = *, hoch = *****
- W: niedrig = *, hoch = *****

Wie wirksam sind Streumittel?

Schneckenschleim hat vielfältige Funktionen (s. Seite 11). Er schützt beispielsweise die Tiere, und eine vermehrte Schleimabsonderung sorgt in Gefahrensituationen für mehr Sicherheit. Es gilt deshalb zu beurteilen, wie wirksam Streumittel gegen Schnecken in der Abwehrpraxis einzuschätzen sind. Diese Streumittel lassen sich in verschiedene Kategorien einteilen:

Um wirksame Barrieren zu bilden, müssen Kiesstreifen gegen Schnecken möglichst breit angelegt werden. (Foto: Sonja Pesata/fotolia.com)

- Für Schnecken unangenehm zu überkriechen ist zum Beispiel ein Streifen Fichtennadeln. Der saure pH-Wert, der die physikalischen Eigenschaften des Schneckenschleims verändert, führt zwangsläufig zur Austrocknung. Und das ist wohl der Grund, warum Fichtennadeln bei Schnecken gar nicht beliebt sind.
- Einen austrocknenden Effekt haben Schutzgürtel aus Asche oder Schlacke, trockenem Holzhäcksel oder gehäckseltem Schilf, Sägemehl oder Sand.
- Eine ätzende Wirkung haben Schutzstreifen aus Kalk, vor allem Branntkalk, allerdings wird dadurch auch das Bodenleben geschädigt. Gerade Branntkalk ist so alkalisch, dass auch bei seiner Anwendung große Vorsicht geboten ist: Ausbringung mit Schaufel oder Pflanzkelle, Handschuhe tragen, die Augen schützen und den Staub nicht einatmen!

Häufig wird empfohlen, statt Kalk Kalkstickstoff anzuwenden, das ist aber Unsinn! Kalkstickstoff ist ein Düngemittel mit hoch konzentriertem mineralischem Stickstoffanteil, der bei seiner Zersetzung zu pflanzenverfügbaren Nährstoffen Unkraut und Bodenlebewesen abtötendes Cyanamid freisetzt. Deswegen hat dieser Dünger im Biogarten nichts zu suchen. Hinzu kommt, dass die Ausbringung einer lokalen Überdüngung mit mineralischem Stickstoff gleichkommt. Außerdem muss der Anwender von Kalkstickstoff wissen, dass dieser Dünger in Kombination mit genossenem Alkohol starke Vergiftungserscheinungen hervorrufen kann!

Zwei Faktoren setzen der Wirksamkeit von Streumitteln ziemlich enge Grenzen. Zum einen die Breite der Barrieren: Sie müssen, je nach Material, eine Breite von mindestens zehn Zentimetern (im Falle des Kalks) haben, bei Fichtennadeln und „Trockenmitteln" eher 30 Zentimeter und mehr. Zum anderen verlieren die Streumittel nach einem Regen schnell ihre Wirksamkeit und müssen dann erneuert werden. Beides zusammen macht die Schwäche dieses ansonsten durchaus praktikablen Lösungsansatzes aus: Wenn die Schnecken am agilsten sind, setzt die Wirkung aus.

Arbeit – Kosten – Wirksamkeit

Streumittel:

- Arbeits- beziehungsweise Kostenaufwand (A/K): * * *
- Praktikabilität (P): * * * * *
- Wirksamkeit (W): * *

Erklärung:

- A/K: niedrig = *****, hoch = *
- P: niedrig = *, hoch = *****
- W: niedrig = *, hoch = *****

Barrieren aus Pflanzen und Pflanzenextrakten

Es stimmt wirklich: Schnecken lassen sich durch Pflanzen wie Lavendel (*Lavandula*) und Wermut (*Artemisia absinthum*) verscheuchen. Beide verbreiten offenbar Aromen, die den Schnecken zuwider sind. Akelei, Begonien, Bohnenkraut, Brennnessel, Buchsbaum, Eberraute, Estragon, Farne, Holunder, Kerbel, Knoblauch, Heiligenkraut, Kamille, Kapuzinerkresse, Koriander, Kresse, Lavendel, Liebstöckel, Majoran, Minzen, Oregano, Petersilie, Rainfarn, Ringelblumen, Rosmarin, Salbei, Schwarze Johannisbeere, Tomaten, Thuja, Thymian, Wacholder, Weißer Senf, Wermut, Wurmfarn, Ysop, Zwiebeln – das ABC der Pflanzen mit Schnecken abwehrender Wirkung hält mit den genannten Beispielen lediglich einen Auszug präsent. Außerdem sind zur Schneckenabwehr Jauchen, Kaltextrakte oder Mulch aus den verschiedenen Pflanzen versucht worden.

Bei allen Tipps und Einzelerfolgen sei doch eines angemerkt: Es lässt sich um keinen Garten, nicht einmal um ein Gemüsebeet herum, eine über die ganze Vegetationsperiode hinweg dicht schließende Knoblauch- oder Zwiebelhecke, Minzen- oder Thymianhecke pflanzen, eine Korianderhecke säen. Auch lässt sich kein dauerhaft Schnecken vergraulender Mulchstreifen aus Tomaten- oder Holunderblättern oder dergleichen streuen. Alle Tees und Auszüge sind nach dem nächsten Regen passé, alle Laubstreuungen beizeiten verrottet. Im Einzelfall mag es sinnvoll erscheinen, kombinierte Lösungen zu nutzen. Indem eine halbe Beetseite mit einer Thymianhecke geschützt wird, eine weitere halbe durch eine Doppelreihe Knoblauch, eine weitere ganze Reihe mit einer Lavendelhecke, an der dritten Seite kultivieren Sie Ihren Bedarf an Artemisien (wie Eberraute, Estragon und Wermut) und die vierte Seite mulchen Sie regelmäßig mit anfallendem Schnittgut.

Pflanzen wie den Rainfarn meiden Schnecken. Sie können deshalb als eine Art Schneckenzaun angepflanzt werden. (Foto: Gina Sanders/fotolia.com)

Fazit: Nicht alles, was punktuell wirksam gegen Schnecken ist, lässt sich zugleich auch flächendeckend sinnvoll anwenden.

Arbeit – Kosten – Wirksamkeit

Pflanzenbarrieren:

- Arbeits- beziehungsweise Kostenaufwand (A/K): * *
- Praktikabilität (P): * *
- Wirksamkeit (W): * * *

Erklärung:

- A/K: niedrig = *****, hoch = *
- P: niedrig = *, hoch = *****
- W: niedrig = *, hoch = *****

Den bitteren Wermut mögen Schnecken überhaupt nicht. (Foto: Gerhard Seybert/fotolia.com)

Wirksame Schneckenjauche

Ähnlich dem Verfahren bei der Gewinnung von Pflanzenjauchen, das sind in Wasser vergorene Pflanzenteile, ist es ebenso möglich, die gesammelten, abgetöteten Schadschnecken zu verjauchen.

Pro zehn Schnecken rechnet man für einen Jaucheansatz etwa einen halben Liter Wasser. Die Wassermenge wird gleich beim Abtöten der Tiere als siedendes Wasser zugegeben. Stellen Sie die vergärende Jauche abseits auf – kinder- und tiersicher –, denn die Brühe wird von Tag zu Tag mehr und mehr stinken. Außerdem bilden sich beim Verwesen der Mollusken giftige Eiweißstoffe, vergleichbar denjenigen, wie sie in verdorbenen Lebensmitteln für Vergiftungen verantwortlich sind. Bei halbwegs warmem Wetter um 15 bis 20 Grad Celsius ist die Jauche nach etwa zehn Tagen durchgegoren und kann dann unverdünnt verwendet werden. Tragen Sie dabei Handschuhe und benetzen Sie ausschließlich den Boden, keine Pflanzen – speziell nicht solche, die Sie (wie Salat oder Radieschen) gartenfrisch und roh verzehren!

Am besten wird die Jauche wie ein Sperrgürtel ausgebracht, zwei- bis dreireihig im Abstand von etwa einem halben Meter. Mithilfe dieser Barriere können keine Schnecken in den Garten eindringen, allerdings auch nicht aus ihm hinaus abwandern. Besonders für Gärten in naturnaher Lage ist diese Methode gut geeignet, um die Einwanderung von Schnecken aus benachbarten Acker- und Wiesenflächen, Bachrändern und Heckenstreifen abzuschwächen beziehungsweise ganz zu verhindern.

Sie können diesen Sperrgürtel gut zu einer Art „Schutznetz" erweitern. Das geschieht, indem Sie in den Garten hinein, von außen beginnend, tagtäglich neue, zielgerichtete Tupferreihen hinzufügen und so die Tiere in eine bestimmte Richtung im Garten treiben. Dort treffen Sie die Schnecken dann umso konzentrierter an und bekämpfen sie umso gezielter. Beachten Sie, dass die abschreckende Wirkung der Schneckenjauche nur etwa zehn Tage anhält (bei Regenwetter weniger) und von Ihnen deswegen in regelmäßigen Abständen erneuert werden muss.

Arbeit – Kosten – Wirksamkeit

Schneckenjauche:

- Arbeits- beziehungsweise Kostenaufwand (A/K): * *
- Praktikabilität (P): * * * *
- Wirksamkeit (W): * * * * *

Erklärung:

- A/K: niedrig = *****, hoch = *
- P: niedrig = *, hoch = *****
- W: niedrig = *, hoch = *****

Spezielle Hilfsmittel

Es gibt Unmengen von Tipps und Anregungen, wie Schnecken aus dem Garten ferngehalten werden können, doch vieles davon ist schlicht nicht praktikabel oder unwirksam. Daneben gibt es aber wirklich empfehlenswerte Methoden, die teilweise jedoch mit einer mehr oder weniger großen Investition verbunden sind. Bierfallen sind eher eine kostengünstige Variante, Schneckenzäune je nach Ausführung schon relativ teuer. Entscheiden Sie selbst, was Sie ausgeben wollen.

Bierfallen aufstellen

Grundsätzlich ist die Bierfalle eine effektive Fangmethode. Das Bier lockt Schnecken tatsächlich innerhalb eines Radius von rund 10 bis 20 Metern an. Allerdings unterscheidet es nicht zwischen schädlichen und eher harmlosen Schneckenarten, und das ist zumindest bedenklich.

Eine häufig anzutreffende Empfehlung lautet, Bierfallen für Schnecken mithilfe eines mit seiner Oberkante bodeneben eingegrabenen Schälchens oder Bechers selbst zu bauen. Immer wieder geraten dabei auch Nützlinge wie Laufkäfer (s. Seite 68) in die Falle und ertrinken dann. Außerdem haben selbst gebaute Bierfallen eine weitere Schwäche: Solche ohne Deckel laufen bei Regenwetter schnell mit Wasser voll. Das Niederschlagswasser verdünnt die Bierkonzentration und reduziert damit Lockreiz und Fangwirkung. Gerade bei feuchter Witterung, also dann, wenn Schnecken besonders gerne im Garten unterwegs sind, müssen Bierfallen „Marke Eigenbau" besonders häufig kontrolliert und erforderlichenfalls nachbeködert werden. Für Bierfallen mit Regenschutzdach trifft das nicht zu.

Abgesehen davon, dass zu ertrinken auch für Schnecken ein langsames Sterben bedeutet, sind hier Bierfallen aus dem Fachhandel die geeignetere Wahl. Speziell sind das solche, die nicht eingegraben werden, sondern in die hinein die Schnecke an der Außenwand emporkriechen muss. Das stellt sicher, dass nützliche Kleintiere des Gartens nicht in die Falle geraten.

In England haben sich die sogenannten „Slug X"-Schneckenfallen bewährt, die es mittlerweile auch bei uns im Fachhandel zu kaufen gibt. Sie sind mit einem Gehäusedeckel als Wetterschutz versehen und lassen sich leicht und unkompliziert überall im Garten aufstellen, selbst auf der Terrasse.

Vollverzinkt sind metallene Schneckenzäune Jahre lang haltbar. (Foto: Arco Images/O. Diez/Bildagentur Waldhäusl)

Wie in einen Unterschlupf kriechen die Schnecken zunächst unter die flache und rechteckige Falle. Über Aussparungen im erhöht angebrachten Fallenboden gelangen sie in den eigentlichen Fangraum mit seinen Bierbecken.

Bierfallen stehen in dem Ruf, als wahre Schneckenmagneten mehr Schnecken in den Garten zu locken, als aus ihm wegzufangen. So soll der Anteil von gefangenen Schleimtieren im Verhältnis zu den tatsächlich im Garten umherkrabbelnden Exemplaren gerade einmal etwa fünf bis zehn Prozent betragen. Die daraus abgeleitete Empfehlung lautet: Bierfallen nur randlich um den Garten platzieren. So holt man die eigenen Schnecken aus dem Garten und fängt einwandernde Schnecken ab.

Welches Bier mögen Schnecken?

Mit welchem Bier man die meisten Schnecken anlockt, wurde bisher noch nicht wissenschaftlich untersucht. Helles und Weizenbier sollen gut geeignet sein. Wie es sich mit Malz- und generell dunkleren Bieren verhält, ebenso mit Pils, Export und Märzen, ist strittig. Und wie sieht es mit alkoholfreiem Bier aus? Es ist zumindest einen Versuch wert.

Arbeit – Kosten – Wirksamkeit

Bierfallen:

- Arbeits- beziehungsweise Kostenaufwand (A/K): * *
- Praktikabilität (P): * * * *
- Wirksamkeit (W): * * * * *

Erklärung:

- A/K: niedrig = *****, hoch = *
- P: niedrig = *, hoch = *****
- W: niedrig = *, hoch = *****

Hilfreiche Schneckenzange

Schnecken mit der blanken Hand abzusammeln ist nicht jedermanns Sache. Wer also eine Distanz zum Tier wahren und sich obendrein nicht bücken möchte, sammelt die Mollusken mithilfe einer Schneckenzange. Im Fachhandel sind Modelle unterschiedlicher Hersteller, meist Kunststoffzangen, zu finden. Entscheidend für die Praktikabilität ist die schneckengriffige Ausgestaltung der Zangenspitze, die am besten geriffelt oder mit Zähnen ausgestattet sein soll, weil die Tiere stark ausschleimen. Handelsübliche Schneckenzangen aus Kunststoff können jedoch vergleichsweise teuer sein. Denselben Zweck erfüllen preiswertere hölzerne Grillgutwender („Bratwurstzangen").

Arbeit – Kosten – Wirksamkeit

Schneckenzange:

- Arbeits- beziehungsweise Kostenaufwand (A/K): * * * * *
- Praktikabilität (P): * * * *
- Wirksamkeit (W): * * * *

Erklärung:

- A/K: niedrig = *****, hoch = *
- P: niedrig = *, hoch = *****
- W: niedrig = *, hoch = *****

Am wirksamsten gegen Schnecken ist es, im Garten verschiedene Abwehrmaßnahmen strategisch miteinander zu verknüpfen. (Foto: alisonhancock/ fotolia.com)

Beete mit Vlies abdecken

Mithilfe von Gartenvlies können Sie früher im Jahr die ersten Ernten durchführen und die Pflanzen gegen Schädlinge schützen. Wer also Schnecken und Blattläuse gleichermaßen von seinen Nutzpflanzen im Gemüsebeet fernhalten will, ist mit der Anwendung solcher Vliese gut beraten. Damit keine Schnecken von außerhalb unter ein Vlies einwandern, sticht man mit dem Spaten rund um die zu schützende Fläche einen Spalt in den Boden, führt dort die Vlieskante ein und tritt sie in der Erde fest.

Schutzvliese sind vor allem hilfreich, wenn es um die Abwehr zuwandernder Schnecken geht. Allerdings können im Beet bereits unbemerkt vorhandene Jungschnecken und aus Gelegen schlüpfende Jungtiere sein, die mit übertunnelt werden. Diese treiben dann unter dem Schutzvlies fröhliche Urstände. Deswegen ist es bei dieser Schutzvariante immer erforderlich, die Pflanzen bei warmem Wetter kurz abzudecken und auf eventuellen Schneckenfraß zu kontrollieren. Falls dann erforderlich, können Sie mit Schneckengiftködern (s. Seite 40) oder Bierfallen (s. Seite 51) Abhilfe schaffen.

Arbeit – Kosten – Wirksamkeit

Vliesabdeckung:

- Arbeits- beziehungsweise Kostenaufwand (A/K): * *
- Praktikabilität (P): * * * * *
- Wirksamkeit (W): * * * *

Erklärung:

- A/K: niedrig = *****, hoch = *
- P: niedrig = *, hoch = *****
- W: niedrig = *, hoch = *****

Pflanzen einzeln schützen

Schutzhauben, die nach dem Auspflanzen über einzelne Gemüsepflanzen gestülpt werden, schützen effektiv vor Schneckenfraß. Sie wirken aber nur in der Anfangsphase des Wachstums, denn die größer werdende Pflanze hebt ihren Schutz vom Boden ab und die Schnecke hat freien Zugang.

Schutzkrägen sind im Jungpflanzenbeet ebenso hilfreich, und das sogar länger als Schutzhauben, weil die Schnecken erst dann an die größer werdende Pflanze herankommen, wenn diese über ihren Schutzkragen hinausgewachsen ist und von außen wieder von der Schnecke erreicht werden kann.

Arbeit – Kosten – Wirksamkeit

Pflanzen einzeln schützen:

- Arbeits- beziehungsweise Kostenaufwand (A/K): * *
- Praktikabilität (P): * * * * *
- Wirksamkeit (W): * * * *

Erklärung:

- A/K: niedrig = *****, hoch = *
- P: niedrig = *, hoch = *****
- W: niedrig = *, hoch = *****

Arbeit – Kosten – Wirksamkeit

Schneckenzäune:

- Arbeits- beziehungsweise Kostenaufwand (A/K): * *
- Praktikabilität (P): * * * *
- Wirksamkeit (W): * * * * *

Erklärung:

- A/K: niedrig = *****, hoch = *
- P: niedrig = *, hoch = *****
- W: niedrig = *, hoch = *****

Schneckenzäune

Relativ aufwendig zu installieren sind Schneckenzäune, die aus Metall oder Kunststoffbahnen bestehen und mit einer für Schnecken unüberwindbaren Barriere versehen sind. Diese Barriere ist zum Beispiel eine Abkantung, eine mehrreihige Noppenlinie oder ein Kupferblechstreifen, auf den eine Spannung angelegt wird. Inzwischen gibt es auch sogenannte AKO-Schneckenzäune aus engmaschigem Polyester-Glasgarn-Gitter, ummantelt mit PVC-Schaum und beschichtet mit Polyamidflocken. Diese wirken wie viele kleine Stacheln, die die Oberfläche derart vergrößern, dass die Schnecken wesentlich mehr Schleim produzieren müssen, um vorwärts zu kommen. Zugleich kann der Schleim der Schnecken weniger gut haften, was ihren Halt und ihr Fortkommen beeinträchtigt. Letztlich unüberwindbar für Schnecken wird dieser Zaun durch seinen Überhang. Bedenken Sie

Hochbeete bieten einen besseren Schutz vor Schnecken, wenn sie mit einer Schneckenschutzkante versehen sind. (Foto: cycreation/fotolia.com)

aber immer, dass PVC im Garten zurückhaltend zu verwenden ist.

Nach dem Aufbau eines Schneckenzauns sammelt man in den ersten Wochen regelmäßig alle innerhalb aufkommenden Schnecken ab, fängt sie in Bierfallen (s. Seite 51) oder vernichtet sie mit Schneckenkorn (s. Seite 40), damit die Fläche vollständig schneckenfrei wird. Danach ist nichts mehr zu tun!

Hochbeete und Pflanztaschen

Hochbeete sind hilfreich, wenn es darum geht, selbst gezogene Gartengenüsse schnell und einfach in Reichweite der Küche zu haben. Am besten mit einer Schneckenschutzkante und im Idealfall mit einer automatischen Bewässerung ausgestattet, wachsen alle Bereicherungen des Speisezettels in Hochbeeten, aber auch in hübschen Pflanztaschen (fast) wie von selbst, Qualitätserde und richtige Düngung vorausgesetzt.

Geradezu gartenchic sind die „kleinen Schwestern" des Hochbeets, die als Pflanztaschen daherkommen. In peppigen Farben beleben diese Pflanztaschen ganze Wände und sind dann als „Living Walls" wirklich aufsehenerregend – speziell dann, wenn in ihnen Basilikum und Thymian, Balkontomaten und viele tolle Gartengenüsse weit weg vom Boden praktisch schneckensicher wachsen.

Arbeit – Kosten – Wirksamkeit

Hochbeete und Living Walls:

- Arbeits- beziehungsweise Kostenaufwand (A/K): * *
- Praktikabilität (P): * * * *
- Wirksamkeit (W): * * * * *

Erklärung:

- A/K: niedrig = *****, hoch = *
- P: niedrig = *, hoch = *****
- W: niedrig = *, hoch = *****

Giftköder gegen Schnecken

Als Giftköder kommen im Wesentlichen drei Wirkstoffe zur Anwendung: Metaldehyd, Methiocarb und Eisen-III-Phosphat, wobei die ersten beiden spätestens im naturnahen Garten nicht verwendet werden dürfen. Metaldehyd soll in Schnecken das „Totschleimen" auslösen, was die Tiere zwar zuverlässig abtötet, im Garten aber wegen der hinterlassenen Schleimspur eine ziemliche „Sauerei" veranstalten kann. Das wäre möglicherweise noch akzeptabel, allerdings können darüber hinaus auch Tiere buchstäblich in „Mit-Leidenschaft" gezogen werden, die die vergifteten Schnecken

Kräuter und Gemüse wachsen in Pflanztaschen an der Wand, unbehelligt von Schnecken. (Foto: www.vegtrug.com)

fressen. Nur 0,6 Gramm dieses Giftes (pro Kilogramm Körpergewicht) lassen bereits 50 Prozent der betroffenen Nachverzehrer absterben. Mengenmäßig betrachtet, kommt das selten vor, aber es kann eben doch passieren.

Für Wirbeltiere tückischer ist der Wirkstoff Methiocarb, ein Nervengift, das in niedriger Dosis auch Wirbeltiere (Vögel bereits ab fünf Milligramm) und Insekten tötet. Eisen-III-Phosphat ist hingegen eine für Warmblüter komplett harmlose Eisen-Formulierung, die nur bei Tieren mit Hämocyanin wirkt, als „Kollateralschäden" auch Asseln und Tausendfüßer tötet. Schnecken müssen davon lediglich ausreichende Mengen fressen; Großschnecken etwa 20 Korn.

Die Tiere stellen nach dem Verzehr des Schneckenkorns alles weitere Fressen unmittelbar ein, ziehen sich zurück und sterben ab, weswegen man üblicherweise keine von dem Wirkstoff abgetöteten Tiere mehr antrifft. Weil Vögel und Mäuse das für sie unbedenkliche Eisen-III-Phosphat-Schneckenkorn gerne wegfressen, muss es dichter als empfohlen (fünf Gramm/Quadratmeter) und möglicherweise auch häufiger ausgebracht werden.

Arbeit – Kosten – Wirksamkeit

Giftköder:

- Arbeits- beziehungsweise Kostenaufwand (A/K): * * *
- Praktikabilität (P): * * * *
- Wirksamkeit (W): * * * *

Erklärung:

- A/K: niedrig = *****, hoch = *
- P: niedrig = *, hoch = *****
- W: niedrig = *, hoch = *****

Schneckenfallen und Duftköder

Inzwischen gibt es auch Schneckenkorn mit aus Pelargonien und Lavendel gewonnenen Wirkstoffen: Geraniol beziehungsweise Lavandinöl. Beides sind aber keine schneckengiftigen Wirkstoffe, sondern lediglich auf einen mineralischen Träger applizierte Duftstoffe, die als ein Schneckenvertreibungsmittel, ein sogenanntes Vergällungsmittel, um gefährdete Pflanzen herum gestreut werden und durch den Geruch Schnecken vertreiben.

Eine Duftschranke bilden auch Präparate auf Basis von geschroteten getrockneten Niemsamen und entöltem Niempresskuchen, deren Bitterstoffe die Schnecken vergällen.

Schneckenbarrieren lassen sich neuerdings auch mit Gel- und Pastenprodukten errichten, sogenannten Schnecken-Stopp-Produkten oder Schneckenabwehr-Pasten. Solche Präparate gelten als unbedenklich auch im Biogarten, weil sie in der Regel auf Basis von beispielsweise Zitro-

Das aus Lavendel gewonnene Öl ist ein zunehmend interessantes, natürliches Vergällungsmittel gegen Gartenschnecken. (Foto: Friedberg/fotolia.com)

nensäure und einem viskosen, biologisch leicht abbaubaren Trägermittel hergestellt sind. Diese Mittel werden bandförmig und wie ein ringförmiger Schutzstreifen auf Töpfe von Kübelpflanzen aufgebracht, wahlweise auf der Außenfläche von Hochbeeten oder auch auf dazu geeignete Bodenflächen. Je nach Wetter halten diese Produkte die Schnecken etwa eine Woche lang ab.

Zulassung

Die Zulassungen von Pflanzenschutzmitteln ändern sich häufig. Es ist deshalb immer sinnvoll, sich vor Gebrauch über den aktuellen Stand dieser Zulassung zu informieren. Die momentan im Hausgarten zugelassenen aktuell in Österreich Pflanzenschutzmittel sind auf der AGES Homepage (pmg.ages.at) einzusehen.

Bitte beachten

Privatpersonen dürfen für ihre Anwendungszwecke im Haus- und Kleingarten grundsätzlich keinerlei eigene Pflanzenschutzmittel herstellen beziehungsweise anwenden.

Schneckengeplagte Gartenbau- oder Landwirtschaftsbetriebe dürfen das, allerdings eingeschränkt: Gemäß den Bestimmungen des Pflanzenschutzgesetzes dürfen in Deutschland (und angelehnt daran in Österreich) ausschließlich vom deutschen Bundesamt für Verbraucherschutz und Lebensmittelsicherheit (BVL) zugelassene Pflanzenschutzmittel angewendet werden. Ausnahme: Stoffe und Gemische, die nur genehmigte Grundstoffe gemäß der Verordnung (EG) Nr. 1107/2009 beinhalten. Deren Anwendung unterliegt nicht der Zulassungspflicht (siehe § 12 Absatz 4 Satz 1 Nummer 2 des Pflanzenschutzgesetzes in aktuell gültiger Form). Was genau diese „Grundstoffe" im Einzelnen sind, wurde mit der oben genannten EU- Verordnung vom Rahmen her geregelt, allerdings enthält die Auflistung dieser Grundstoffe bei Redaktionsschluss dieses Buches (Februar 2014) noch keine Einträge, weswegen derzeit nach § 74 Absatz 11 des neuen Pflanzenschutzgesetzes eine Übergangsregelung gilt. Betriebe, die folglich eigene Pflanzenschutzmittel gegen Schnecken herstellen und anwenden möchten, müssen den aktuellen Stand der Dinge beim BVL abfragen.

Natürliche
Fressfeinde

(Foto: Hauser Steffen/Bildagentur Waldhäusl)

Wer so viel nahrhaftes Eiweiß in sich trägt wie Schnecken, der ist bei Räubern, auch Prädatoren genannt, als Nahrung sehr begehrlich. Und da nützt auch kaum der Schleim, den Schnecken mit dem Versuch absondern, sich gegenüber Fressfeinden zu schützen oder sich ihrer durch Glitschigwerden zu entziehen. Nicht einmal das Schneckenhaus verschafft ihnen bei Nachstellungen wirkliche Sicherheit. Schnecken werden vom Ei an von zahlreichen Fressfeinden verfolgt, selbst von Artgenossen, was – aus menschlicher Perspektive betrachtet – einige Schneckenarten (wie den Schneckeneier verzehrende Tigerschnegel) zu Alliierten im Kampf gegen Schadschnecken macht. Und um diese Perspektive weiterzuführen: Liebhaber mediterraner und französischer Küche verachten zumeist auch Schnecken nicht.

Der naturnahe Garten als Verbündeter

Vom Umfeld bis hinein in unsere Gärten gibt es zahlreiche Tiere, die sich über Schnecken hermachen. Baumschläfer (*Dryomys nitedula*), Gartenschläfer (*Eliomys quercinus*) und Siebenschläfer (*Gils gils*) ebenso wie der Rotfuchs (*Vulpes vulpes*) verschmähen Schnecken dort nicht, wo sie den Garten erreichen. In naturnaher Gartenlage durchstreifen ihn Dachs (*Meles meles*) und Iltis (*Mustelia putorius*), die in ihrer abwechslungsreichen Nahrungsbandbreite allesamt auch Schnecken verzehren.

Fressfeinde wie Spinnentiere und andere Gliedertiere agieren noch viel mehr im Verborgenen, speziell dann, wenn sie – wie viele Laufkäfer – vornehmlich nachtaktiv sind. Sie sind hoch effektive Verbündete, wenn es gilt, Schadschnecken im Zaum zu halten – jedoch nur dort, wo der Nutz- und Ziergarten ihnen passende Schlupfwinkel und Lebensräume bietet. Andere, weithin als effektiv gepriesene Koalitionäre im Kampf gegen Gartenschadschnecken, wie der Igel (*Erinaceus europaeus*), sind – bei näherem Hinsehen – eher wählerisch, wenn es darum geht, Schnecken für den eigenen Speiseplan zu selektieren. Igel sind da eher Feinschmecker, für die Schnecke längst nicht gleich Schnecke ist. Für den Schneckenversteher ist es wichtig, viele verschiedene Helfer gegen Schnecken im Garten zu kennen, ihren benötigten Lebensraum passend einzurichten und vor allem sie in ihrer tatsächlichen Leistungsfähigkeit bei der Schneckenjagd richtig einschätzen zu können.

Auch der Dachs verschmäht Schnecken nicht.
(Foto: Bernhardt Reiner/Bildagentur Waldhäusl)

Angeblich ein genereller Schneckenverzehrer, ist der Igel tatsächlich aber bei der Auswahl von ihm schmeckenden Schnecken eher wählerisch. (Foto: Erni/fotolia.com)

Igel gegen Schnecken

Es zählt – neben Rotwein und guten Gesprächen – zu den Glanzlichtern im spätabendlichen Sommergarten, wenn sich ab der einsetzenden Dämmerung die Igel schnaubend und schmatzend durch den Bewuchs schieben. Igel sind in ihrer sympathischen Art nicht nur nett anzuschauen und erfreuen sich grundsätzlich weit gestreuter „Mecki"-Beliebtheit, sie werden auch als „Fressmaschinen" in Sachen Schneckenvertilgung wahrgenommen. Es lohnt sich aber, hier einmal genauer hinzuschauen.

Wie Maulwurf und Spitzmaus auch, gehören die Igel der zoologischen Ordnung der Insektenfresser an – unschwer an ihren spitzen Insektenkillerzähnen zu erkennen. Wirft man einen Blick auf die prozentuale Zusammensetzung ihrer aufgenommenen Nahrung, so weisen zoologische Untersuchungen aus, dass diese zu einem Drittel aus Regenwürmern besteht, zu ein bis zwei Dritteln aus Käfern und darüber hinaus aus allerlei Insekten, Kerbtieren, Kleinsäugern, Jungvögeln, Eiern – und eben Schnecken. Mollusken sind dabei in einer Menge von bis zu zehn Prozent anzusiedeln.

Dieses Fressverhalten machen sich Gartenbesitzer denn auch gerne zunutze. Allerdings sind da auch die immens großen Käfermengen, die die Igel fressen. Die Käfer, die durch umfangreiche Maßnahmen im Garten angesiedelt wurden und die sich als Schneckenverzehrer wirklich bewähren: Lauf- und Leuchtkäfer, Schneckenräuber- und Totengräber-Käfer, sie alle werden allzu leicht vom Jäger zum Gejagten, wenn Igel sich im Garten tummeln.

Schnecken gegen Schnecken?!

Erstaunlicherweise zählen zu den größten Schneckenvertilgern Schnecken.

Die Wurmnacktschnecke, auch als Wurmschnegel bekannt (*Boettgerilla pallens*), ernährt sich ausschließlich von Schneckeneiern und Jungschnecken, und der Tigerschnegel (*Limex maximus*) ist ein effektiver Schneckeneivernichter.

Wie mit diesem Bewusstsein im Hinblick auf eine möglichst erfolgreiche Schneckenbekämpfung durch Käfer und Igel im Garten umgehen? Die Antwort lautet: Das eine tun, das andere nicht lassen! Sind es auch nur bis zu zehn Prozent Schneckenanteil, die auf dem Speisezettel des Igels stehen, so ist die Gesamtzahl der von ihnen verspeisten Schnecken über das Gartenjahr verteilt ebenso groß wie mengenmäßig vermutlich insgesamt größer als der Verzehr durch nützliche Käfer.

Dann nämlich ist drittens zu erwarten, dass sich Käferverzehr durch Igel und Stabilität der Käferpopulation im Garten immer in einem halbwegs stabilen, das heißt arterhaltenden Gleichgewicht befinden („Räuber-Beute-Modell").

Spitzmäuse sind, vergleichsweise, flauschige Mini-Igel. (Foto: Arco Images/D. Usher/Bildagentur Waldhäusl)

Der Igel ist übrigens das einzige Säugetier, das ausgewachsene Kapuzinerschnecken frisst. Er benötigt aber bis zu einer halben Stunde je Schnecke für deren Entschleimung.

Spitzmäuse vertilgen Schnecken

In ihrer optischen Erscheinung nicht jedermanns Sache, sind Spitzmäuse jedoch wichtige Helfer des Hobbygärtners in seinem Kampf gegen Schnecken. Flitzt nämlich in seinem Garten ein mausartiges Tier über den Weg, erschrickt allzu leicht jemand in der Befürchtung, sich damit einen Nager als Schädling eingefangen zu haben. Dabei ist diese Befürchtung gegenüber den Spitzmäusen ganz und gar unbegründet, weil Spitzmäuse zwar die Maus im Namen tragen, de facto aber keine sind. Menschen mit Aversion oder gar Angst vor Mäusen dürfen also beruhigt sein: Spitzmäuse sind mit den Igeln verwandt, nicht mit den Nagetieren. Igel und Spitzmaus zählen, zusammen mit den Maulwürfen, zoologisch zur Ordnung der Insektenfresser, nicht zu derjenigen der Nagetiere. Gleiches Aussehen, aber nicht verwandt?

Der Grund: Die Entwicklungen der betreffenden Tierarten haben in miteinander sehr ähnlichen Lebensräumen unter vergleichbaren Bedingungen und Herausforderungen stattgefunden. Spitzmäuse sind aber dennoch definitiv Fleischfresser (inklusive Fisch und junge Mäuse), die nur selten auf pflanzliche Kost – wie gelegentlich mal Samen – zurückgreifen. Bei den Mäusen verhält es sich gerade umgekehrt.

Spitzmäuse lassen sich von Mäusen auf den ersten Blick anhand ihrer markant spitzeren Kopfform, als selbst Hausmäuse sie haben, deutlich unterscheiden. Letzte Sicherheit gibt danach ein Blick auf die Zähne: Spitzmäuse haben keine Nagezähne, sie haben das für die Ordnung unverkennbare Insektenfressergebiss mit seinen nadelspitzen Zähnen, um die harten Chitinpanzer von Insekten knacken zu können.

Der spitzmausfreundliche Garten

Reisighaufen mit ihren dünneren Zweigen sind eher für den Igel als die Spitzmaus interessant. Denn das Verkriechenkönnen allein reicht den Spitzmäusen hier nicht, sie brauchen das kühl-feuchte, verrottende, stärkere Holz mit seinen tierischen Gästen – als eine permanente Vorratskammer.

Spitzmäuse sind generell eher Einzelgänger, die ihr Revier buchstäblich verbissen aggressiv verteidigen. Gehen Sie daher dort, wo sie in Ihrem Garten vorkommen, behutsam mit den Helfern gegen die Schnecken um. Verschwindet nämlich die Spitzmaus, ist nicht sicher, dass eine nachzieht. Möglicherweise nämlich ist nicht nur eine Spitzmaus von Marder oder irrtümlich einer Falle erwischt worden, sondern es sind Veränderungen aufgetreten, die den Spitzmäusen Ihren Garten als Terrain grundsätzlich vergrault haben. Trubel etwa mögen diese Tiere gar nicht. Spitzmäuse sind so agile Tiere, dass sie um die tausend

Typisches Spitzmaus-Terrain. Hier können sich die Insektenfresser verstecken und in einem abwechslungsreich gestalteten Lebensraum vielfältig nach Nahrung stöbern - bis hin zur Gartenschnecke. (Foto: Hauser Steffen/Bildagentur Waldhäusl)

Herzschläge pro Minute an den Tag legen, und es ist vorgekommen, dass Exemplare an Schreck und Schock gestorben sind!

Legen Sie alles den Spitzmäusen Förderliche daher so im Garten an, dass es in den ruhigen, seltener von Menschen aufgesuchten Zonen platziert ist. Dort werden sie sich zwischen Februar beziehungsweise April und September auch am ehesten vermehren mögen.

Es ist eine Augenweide zu erleben, wie eine mit ihren Jungtieren in ein neues Quartier umziehende Spitzmausmutter als sogenannte „Karawane" vorbeiläuft: Gerade bei den Wimperspitzmäusen ist zu beobachten, dass sich die Jungtiere gegenseitig an der Schwanzwurzel des Vordermanns festbeißen (das vorderste Tier an derjenigen des Muttertiers) und so in Kolonne von A nach B wandern. Die Karawanen der Hausspitzmaus tauchen schon im Februar und März auf, die der anderen ab April. Bis September und Oktober bekommen Spitzmäuse drei bis fünf Würfe mit durchschnittlich etwa fünf bis acht Jungen und säugen diese rund drei Wochen lang. Danach werden sie vom Alttier in von ihnen selbst zu findende Reviere vertrieben.

Ist alles spitzmausfreundlich, dürfen Sie von Ihren vierbeinigen Verbündeten beim Kurzhalten der Gartenschnecken einige Unterstützung erwarten. Bis auf kurze winterliche Ruheintervalle sind Spitzmäuse in aller Regel ganzjährige Jäger. Kapuzinerschnecken verschmähen sie allerdings.

Hochspezialisierte Jäger

Spitzmäuse sind technisch gut ausstaffierte Jäger, was ihnen gerade bei ihren nächtlichen Jagden zupass kommt. So verfügen sie dank höchst sensibler Ohren wie Fledermäuse über eine Art Echolot beziehungsweise die Echo-Ortung durch schrilles, hochfrequentes Fiepen. Zudem haben sie höchst empfindliche Riechnasen und sie verfügen über einen giftigen Speichel, der ihnen angesichts ihrer geringen Körperkraft und -größe dabei hilft, auch größere Beutetiere zu überwältigen. Dieser Speichel soll dafür verantwortlich sein, dass Katzen Spitzmäuse zwar jagen und töten, üblicherweise aber nicht fressen.

Fliegende Schneckenfallen

Dass Nutzgeflügel wie Enten Schnecken verzehren und Hühner beim Scharren Nester mit Schneckeneiern verspeisen, das ist bekannt. Auch Gartenvögel, heißt es immer wieder, tun das. Aber welche Gartenvögel genau – das wäre gut zu wissen, um gerade sie als Alliierte gegen Schnecken in den Garten zu holen.

Hat eine Singdrossel eine Schnecke verzehrt, erkennt man das an der sogenannten Drosselschmiede. Das ist ein Stein, zu dem sie eine Gehäuseschnecke trägt und auf dem sie das fest gepackte Gehäuse dann zerschlägt, um an die Schnecke darin zu gelangen.

Singdrosseln sind eifrige Verzehrer von Gehäuseschnecken. (Foto: Alexander Erdbeer/fotolia.com)

Auch Elstern kann man gelegentlich dabei beobachten, wie sie mit ihrem kräftigen Schnabel ein Schneckengehäuse zerpicken, das sie mit ihren Krallen fest umklammert halten. Sie halten die Schnecke fest und streifen an Steinen und Pflanzen ihrer unmittelbaren Umgebung den Schleim so gut es eben geht ab, bevor sie das Tier hinunterschlucken.

Weniger spektakulär geht es bei den Schneckeneier verzehrenden Gartenvögeln zu. An Boden und Spreu gebundene Weichfresserarten wie Rotkehlchen, Zaunkönige oder auch Heckenbraunellen, so darf man erwarten, werden saftige Schneckeneier überall dort verzehren, wo sie ihrer habhaft werden.

Im ländlichen Raum kommen sicher weitere Schnecken verzehrende Vogelarten hinzu – und sei solcher Verzehr auch nur gelegentlich beobachtet, wie beim Neuntöter. Vielfältige Gartenvögel durch geeignete Nist- und Nährgehölze an den Garten zu binden ist das eine. Als wesentliche Maßnahme darüber hinaus hat sich aber auch inzwischen die Ganzjahresfütterung der Gartenvögel herausgestellt. Ornithologen haben nämlich festgestellt, dass eine ganzjährige Fütterung die Vögel an ihren Standort bindet, ohne dass sie ihr natürliches Jagdverhalten dabei einbüßen.

Helfer im Gartenteich

In Abgrenzung zu den rein an Land lebenden Reptilien, verbringen Amphibien wie Frösche, Kröten und Lurche ihre Entwicklung im Wasser und nutzen es als ausgewachsene Tiere mehr oder weniger als Lebensraum.

Kröten und Lurche sind vor allem dort anzutreffen, wo sie einen naturnahen Wassergarten vorfinden, dessen Gartenteich zumindest in seiner Sumpfzone kräftig bewachsen, verkrautet und fischfrei ist. Ein Naturteich mit ganzjährig sich selbst versorgendem Fischbestsand, also frei von Zufütterung, hat einen Fischbesatz von acht bis zehn Zentimetern Fisch pro Kubikmeter Wasser und kann gerade noch von Erdkröte und Seefrosch besiedelt werden.

(Foto: Bo Valentino/fotolia.com)

Beispiel: 25 Kubikmeter reichen aus für 2 bis 2,5 Meter Fischbesatz, das entspricht zehn bis zwölf Fischen zu je etwa 20 Zentimeter Länge. Bis zu dieser Besatzdichte kann ein Amphibienrestbestand überleben. Die meisten Amphibienarten benötigen fischfreie Gewässer oder Gewässerzonen. Die flache, sich schnell erwärmende Krautzone ist wichtig, weil sie als Laichplatz dient. Hier finden die geschlüpften Jungtiere – Kaulquappen und Molchlarven – besseren Schutz vor Gartenteichfischen und Amseln. Aber die Ringelnatter kann sie hier leicht erwischen. Laich von Fröschen ist gut von demjenigen von Kröten zu unterscheiden: Frösche laichen ihre Eier in Haufen, Kröten in Schnüren.

Frösche haben es bevorzugt auf Jungschnecken abgesehen. (Foto: Peter Egermann/fotolia.com)

Wer keinen Wassergarten besitzt, aber geeignete und tatsächlich besiedelte Gewässer in seiner Nachbarschaft, hat trotzdem gute Chancen, in seinem Garten von umherstreifenden Amphibien besucht zu werden.

Aus der Familie der Echten Frösche (*Ranidae*) sind das speziell der Kleine Teichfrosch (*Pelophylax lessonae, syn. Rana lessonae*) und der Seefrosch (*Pelophylax ridibunda syn. Rana ridibunda*), zusammen mit dem Bastard aus beiden, dem Hybrid-Wasserfrosch (*Pelophylax kl. esculenta syn. Rana kl. esculenta*). Die drei Arten sind relativ schwierig auseinanderzuhalten. Weder Grundfarbe (grün oder braun) noch die Fleckung oder das Vorhandensein beziehungsweise Fehlen eines Rückenstrichs sind artspezifisch. Lediglich gelbe Farbe an den Oberschenkeln ist ein eindeutiges Merkmal für den Kleinen Teichfrosch.

Diese drei Arten verbringen das Gartenjahr über im beziehungsweise direkt am Wasser, kommen also lediglich als Schneckenjäger im unmittelbaren Wasserumfeld infrage, fressen dafür aber auch als einzige Frösche Kapuzinerschnecken.Alle drei Arten paaren sich zwischen April und Juli, ihr Laich sinkt auf den Teichgrund ab. Im August und September sind aus den Kaulquappen Jungfrösche geworden, die dann beginnen, unter anderem Mollusken, beispielsweise Jungschnecken, zu verzehren. Allerdings räubern die drei Arten auch Molche. Seefrösche und weibliche Hybrid-Wasserfrösche überwintern im Bodenschlamm des Teiches, die anderen etwa im Komposthaufen.

Als Schneckenvertilger im Garten ist außerdem der Grasfrosch (*Rana temporaria*) bekannt. Er paart sich bereits zwischen Februar und März, sein Laich schwimmt an der Wasseroberfläche. Seine Kaulquappen sind nach einem Vierteljahr voll entwickelte Jungfrösche – mit dann ebenfalls Schneckenappetit.

Den Grasfrosch erkennen Sie an der gelbrot bis schwarzbraun gefärbten Haut und dem großen auffälligen, dunklen sogenannten Schläfenfleck hinter dem Auge.

Unken und Erdkröten

Aus der Familie und Gattung der Unken sind hier die Rotbauchunke (*Bombina bombina*) und die Gelbbauchunke (*Bombina variegata*) zu nennen, beide mit charakteristischer Bauchfärbung. Die Rotbauchunke kommt hauptsächlich im Flachland vor, die Gelbbauchunke ist im Gebirge bis auf 1800 Meter anzutreffen. Im Unterschied zur Rotbauchunke reicht der Gelbbauchunke zum Laichen ein Kleinstgewässer, bis hin zur Pfütze. Beide Unken sind in erster Linie Kleinschneckenverzehrer des naturnah gelegenen Gartens.

Häufiger als Frösche und Unken trifft man im Garten die Erdkröte (*Bufo bufo*) an. Mit ihrem lederbraunen warzigen Rücken ist der behäbige und nachtaktive Froschlurch aus der Familie der Kröten (*Bufonidae*) leicht zu identifizieren. Erdkröten überwintern außerhalb des Gewässers in Erdhöhlen, unter Steinen, Laub, in verrottenden Baumstümpfen und dergleichen. Sie sind besonders standorttreu und lassen sich im Garten relativ leicht ansiedeln, wenn Versteck- und Überwinterungsmöglichkeiten, Nahrungsangebot und Laichgewässer gegeben sind.

Wechselkröte (*Pseudepidalea viridis, syn. Bufo viridis*, warzig, olivgrün, mit großen grünen Flecken) und Kreuzkröte (*Epidalea calamita, syn. Bufo calamita*, ähnlich der Wechselkröte, aber mit gelbem Rückenstrich) treten, wie die Unken, praktisch nur in sehr naturnah gelegenen Gärten auf, wo sie aber durchaus präsent sind. Dort sind sie, über ihre interessante Färbung hinaus, zwar nachtaktiv, aber auffällig, weil sie im Vergleich zur Erdkröte ziemlich flink sind. Die Kreuzkröte läuft recht schnell und die Wechselkröte springt recht weit. Beide Arten sind zudem behände Kletterer, exzellente Schwimmer und eifrige Nacktschneckenverzehrer. Die Paarungszeit liegt im April bis Juni und damit deutlich nach derjenigen der Erdkröte. Sie laichen bevorzugt in flacheren, wärmeren Gartenteichen beziehungsweise Gewässern mit wenigen Pflanzen und Fischen. Kaulquappen und Molchlarven können Sie leicht auseinanderhalten, da Amphibienlarven deutlich sichtbare Kiemenbüschel haben.

Molche

Im selben Umfeld von Gartengewässern sind auch die Molche erwähnenswert, von denen Bergmolch (*Ichthyosaura alpestris*), Kammmolch (*Triturus-Arten*) und Teichmolch (*Lissotriton vulgaris*) eine Rolle bei der Schneckenbekämpfung spielen.

Laufkäfer - flotte Flitzer gegen Schnecken
(Foto: Henrik Larsson/fotolia.com)

Laufkäfer – flinke Verbündete

Sie sind lang, breit und längst nicht immer schwarz: die Laufkäfer (*Carabidae*). Bei Gartenarbeiten scheucht man sie leicht einmal aus ihren Verstecken hervor und sieht sie zum nächsten flitzen, auf Wald- und Feldwegen begegnen sie dem Spaziergänger ebenfalls hin und wieder.

Breit ist das ökologische Spektrum ihrer Lebensräume. Es reicht vom Wald über die Feldflur bis zum Garten, von den Niederungen bis zum Hochgebirge, von der Jagd am Boden bis zu der im Geäst von Sträuchern. Ihre kräftigen Mundwerkzeuge deuten bereits an, dass sie zum Festhalten zappeliger Beute ebenso geeignet sind wie zum Aufbrechen von Chitinpanzern anderer Insekten. Das Beutespektrum ist, je nach Laufkäferart, unterschiedlich und reicht in dieser Käferfamilie von der Blattlaus und dem Kerbtier und Wurm bis zur Insektenlarve – und eben Nackt- oder Gehäuseschnecke. Laufkäfer leben allerdings längst nicht alle ausschließlich räuberisch. Der Behaarte Schnellläufer (*Harpalus rufipes*) ist beispielsweise häufig dabei zu beobachten, wie er auf die Blütenstände von Doldenblütlern aufsteigt und sie dort abweidet. In Erdbeerkulturen ist er nicht gern gesehen, weil er sich dort über die Samen auf den Früchten, die Nüsschen, hermacht. Der Gemeine Grabkäfer (*Pterostichus melanarius*) labt sich auch gerne an Erdbeeren, ihm schmecken aber auch Larven. Gerade diese Käferart gilt als eine der fleißigsten Vertilger von Wegschneckeneiern.

Der Riesenlaufkäfer

Ein ausgewiesener Schneckenjäger ist der Riesenlaufkäfer (*Procerus gigas*). Er ist in Mitteleuropa vor allem in Kärnten und in der Steiermark anzutreffen. Der Artname *gigas* deutet es an: Mit bis zu sieben Zentimetern zählt diese Art zu den größten Vertretern der heimischen Laufkäfer. Muss sie auch, denn sie ist vor allem auf die Jagd von Weinbergschnecken spezialisiert. Während Laufkäfer zumeist flinke Flitzer sind, ist *Procerus gigas* ein langsamer, ruhiger Vertreter seiner Käferfamilie. Riesenlaufkäfer sind tagsüber seltener anzutreffen, ihre Jagdzeit ist die Nacht.

Der Name hält nicht, was er verspricht

Anders als der Name verheißt, ist der Gartenlaufkäfer (*Carabus hortensis*) ein typischer Waldbewohner. Daran ändern auch fälschlicherweise Erwähnungen in der Gartenliteratur nichts.

Hübsch anzuschauen - für Schnecken aber tödlich! (Foto: ImageBROKER/Richard Becker/FLPA/ Bildagentur Waldhäusl)

Schaufelläufer

Besonders gute Verbündete bei der effektiven Schneckenbekämpfung sind die Schaufelläufer. Sie sind sogar derart auf den Schneckenfang spezialisiert, dass sich ihr Körperbau im Verlauf der Evolution ihrer ausgewählten Ernährungsweise entsprechend angepasst hat. Diese Käfer besitzen einen für Laufkäfer vergleichsweise langen und schmalen Kopf. Damit gelingt es ihnen besser, in Schneckengehäuse einzudringen und dort die sich durch Rückzug zu retten versuchenden Schnecken anzugreifen.

Ob Gehäuseschnecken oder Nacktschnecken: Schaufelläufer erwischen sie und weiden sie aus, so weit sie mit ihrem Kopf in sie hineinreichen können. Von den vier Arten der Gattung *Cychrus* in Mitteleuropa ist für die Schneckenbekämpfung die nachtaktive Art *C. caraboides* die bedeutendste. Sie ist nicht nur am weitesten verbreitet, sondern ist auch in Höhenlagen bis 2000 Meter anzutreffen, dort zusammen mit *Cychrus rostratus*, dem zweitwichtigsten Alliierten.

Auf feuchten Wiesen an Waldrändern und damit in der Nachbarschaft von Gärten auch höherer Lagen ist *Poecilus versicolor* eine häufig anzutreffende Art.

Laufkäfer finden sich auch im naturnahen Wassergarten: Der Uferlaufkäfer (*Carabus clathratus*) zieht den feuchten Lebensraum Ufer allen anderen vor und wechselt dabei durchaus zwischen der Jagd an Land und derjenigen im Wasser. So ist von ihm bekannt, dass er an Teichpflanzen bis unter die Wasseroberfläche hinunterklettert und dort nach Beute sucht – zum Beispiel Teichschnecken. Uferlaufkäfer liegen mit etwas über drei Zentimetern Größe im oberen Mittelfeld der üblichen Laufkäferlänge.

Auch *Carabus variolosus*, der Schwarze Grubenlaufkäfer, lebt in diesem Biotop. Natürlicherweise kommt er in feuchten Bergwäldern, dort an sumpfigen Lichtungen und Bächen vor, von wo aus er an geeigneten Plätzen durchaus bis in den Berg- und Bauerngarten vordringt.

Laufkäfer sind prinzipiell Einzelgänger. Erstaunlicherweise sind sie aber im Winter oftmals durchaus gesellig anzutreffen, zum Beispiel in morschen Baumstümpfen, speziell von Nadelbäumen. Darüber hinaus leben sie in ihren artspezifischen Lebensräumen überall dort versteckt, wo hinein sie sich außerhalb ihrer Jagdzeiten verkriechen können – häufig unter ablösender Rinde von Totholz oder unter Steinen. Selbst Trittplatten im Garten zählen mit dazu, ebenso wie Moos, Laub und Spreu. Im Garten treten Laufkäfer, je nach Art mit Unterschieden versehen, zwischen April und Oktober auf. Der Schneckenversteher begreift: Wer Laufkäfer als Verbündete seiner Schneckenkontrolle im Garten haben möchte, muss ihnen geeigneten Unterschlupf bieten, nicht zuletzt deswegen, weil mitunter die Larven, üblicherweise aber vor allem die adulten Käfer überwintern. Der Lohn der Mühe: Er findet leere Schneckenhäuser im Garten, die entlang ihrer Windungen aufgebissen sind. Der Laufkäfer hat einfach die Schale geknackt und den Mollusken aufgefressen. Laufkäfer werden bis zu drei Jahre alt.

Raubkäfer haben extra starke Mandibeln. (Foto: ImageBROKER/Richard Becker/FLPA/Bildagentur Waldhäusl)

Raubkäfer als Schneckenjäger

Es sind nicht allein die Laufkäfer, die sich explizit als Schnecken- und Schneckeneijäger hervortun. Kaum jemand kennt Kurzflügelkäfer (*Staphylinidae*), die ebenfalls ein breites Nahrungsspektrum haben und vom Gliederfüßer und Insekt bis zur kleinen Nacktschnecke und zum Schneckenei so ziemlich alles räubern, was ihnen zwischen die starken, sichelförmigen Mundwerkzeuge, die sogenannten Mandibeln, kommt. Innerhalb der Ordnung der Käfer bilden die überaus flinken Kurzflügler (auch Raubkäfer genannt) eine eigene Familie, mit in Mitteleuropa angeblich rund 2000 Arten. Warum kennt sie dann kaum jemand?

Weil sie vergleichsweise verborgen leben, noch verborgener als Laufkäfer und insgesamt tendenziell eher an feuchtere Biotope angelehnt. Sie besiedeln, je nach Art und Gattung, Spreulagen ebenso wie Steinflächen, gerne auch Erdlöcher. Sogar auf das Leben in Ameisen- oder Hornissennestern spezialisierte Arten gibt es, wie auch solche, die wie Regenwürmer in der Erde hausen.

Für dieses wuselige Leben in Bodennähe sind sie bestens angepasst: Ähnlich Ohrwürmern (neben den Käfern eine eigene Ordnung innerhalb der Insekten) haben auch Staphyliniden sehr kurze Chitinflügel, unter denen sich die Hautflügel verbergen. Zudem sind Raubkäfer recht schlank und flach. Dabei erreichen sie Größen von durchaus vier bis fünf Zentimetern, je nach Art. Diese Bauweise macht sie besonders beweglich und wendig. Und fliegen können sie, wenn´s dadrauf ankommt, auch.

Bei 25 Grad Celsius dauert es drei Wochen, in denen sich das Ei bis zum geschlüpften Käfer entwickelt – bei drei Larvenstadien. Erwachsene Weibchen legen nach ihrer Geschlechtsreife zwei Wochen lang täglich bis zu acht Eier. Aus denen schlüpfen nach drei bis vier Tagen die dann bereits hochgradig räuberisch lebenden Larven. An dieser Stelle einzelne Arten zu differenzieren ist wenig sinnvoll. Exemplarisch sei aber der europaweit verbreitet anzutreffende Schwarze Moderkäfer (*Ocypus olens*) erwähnt, der in Laubwäldern lebt. Ein naturnah angelegter Garten mit Rotteflächen und Laub kann diesen Gartennützling ansiedeln. In den USA werden Staphyliniden bereits seit über zehn Jahren als Nützlinge im Gartenbau eingesetzt, allerdings mit der Beobachtung, dass sie auch parallel mit ihnen eingesetzte weitere Nützlingsinsekten und deren Nachkommen begeistert verspeisen.

Die Larven der Glühwürmchen verzehren so manche Schnecke. (Foto: ImageBROKER/Hans Lang/ Bildagentur Waldhäusl)

Glühende Schneckenver(z)ehrer

Leuchtkäfer (*Lampyridae*) sind verbreiteter unter ihrem Namen Glühwürmchen bekannt. Von den lediglich drei Leuchtkäfergattungen in Mitteleuropa ist jeweils nur eine Art vertreten. Die wohl bekannteste davon ist der Große Leuchtkäfer (Großes Glühwürmchen, *Lampyris noctiluca*). Diesen Namen haben eigentlich die Weibchen für sich allein verdient, denn sie sind mit bis zu 20 Millimetern Länge nahezu doppelt so groß wie ihre nur gut einen Zentimeter großen Männchen.

Weil die Weibchen flugunfähig sind, sind die an warmen Sommerabenden im Juni und Juli umhertänzelnden und grünlich leuchtenden Käfer stets Männchen. Das gilt auch für die Kleinen Leuchtkäfer (*Lamprohiza splendidula*) und die dritte heimische Art, *Phosphaenus hemipterus*. An Wald- und Wegrändern, Gewässerufern, Hainen und Gartenpartien, am Boden zwischen Spreu und Gräsern sitzen

Als kleine phosphatgrün strahlende Leuchtpunkte kennt man sie im nächtlichen Sommergarten - wer aber hat ein Glühwürmchen (hier ein Männchen) schon einmal aus der Nähe betrachtet? (Foto: ImageBROKER/ Marko Koenig/Bildagentur Waldhäusl)

die Glühwürmchen-Weibchen, die entweder gar keine oder aber lediglich Flügelstummel besitzen.

Schneckenversteher sollten die Lebensweise der Glühwürmchen kennen. Weil nämlich die Adulten und ihre Larven hauptsächlich Schnecken fressen, ist es durchaus sinnvoll, den Leuchtkäfern im Garten die passenden Lebensbedingungen zu schaffen – im Garten und nicht irgendwo in der benachbarten Umgebung, weil Larven und Käfer einen vergleichsweise kleinen Aktionsradius haben. Glühwürmchen legen in ihrem charakteristischen Habitat während nur eines kleinen Zeitfensters im Sommer um die 100 Eier ab, aus denen – je nach Wärme – nach drei bis sechs Wochen die Larven schlüpfen. Noch im Ei verborgen, kann man die Larven leuchten sehen. Vor allem die Weibchen des großen Glühwürmchens legen ihre Eier an feuchten Stellen unter Totholz, Steine oder Moos beziehungsweise an den Stängelgrund von Gräsern. Und so muss denn auch eine Wohnstätte für Glühwürmchen im Garten beschaffen sein, will man sie zu den Alliierten zählen: offene Grasflächen, mit Steinen und Totholz, mit Erdlöchern, leeren Schneckenhäusern und weiteren Versteckmöglichkeiten ähnlicher Art.

Obwohl die adulten Käfer nur noch wenig Nahrung zu sich nehmen, sind Glühwürmchen dank ihrer sehr gefräßigen Larven insgesamt großartige Schneckenvertilger. Sie finden die Mollusken nicht zuletzt ihrer verräterischen Schleimspur wegen, der sie nur folgen müssen. Die Larven lähmen ihre Schneckenbeute vor Beginn ihrer Mahlzeit durch ein Gift, das sie mit ihrem Biss in das Opfer injizieren. Der Appetit der Larven ist bemerkenswert. Man hat beobachtet, dass Glühwürmchenlarven Schnecken verputzt haben, die ein Dutzendmal größer als sie selbst waren – und das in etwas mehr als einem Tag!

Gefräßige Schneckenräuber

Beim Schneckenräuber (*Drilus flavescens*) ist der Name Programm: Seine Larven sind für Schnecken ein echter Schrecken. Sie jagen explizit Gehäuseschnecken. Haben sie eine aufgetan, so steigen sie auf das Schneckenhaus und lassen sich von der Molluske huckepack tragen. Von erhöhter Warte aus beißen sie dem Kriechtier dann in den Nacken und injizieren dabei ein lähmendes, womöglich auch tödliches Gift. Das regungslose Tier fressen die Larven dann auf.

Damit nicht genug: Die gnadenlosen Schneckenjäger nutzen das Schneckenhaus, um sich darin zu häuten. Die Larven verpuppen sich in den leeren Schneckenhäusern, sie sind sogar in der Lage, sie zur Überwinterung zu nutzen und von innen zu verschließen. Dazu nehmen sie einfach die nicht mehr benötigte Haut der letzten Larvenhäutung. Nach Überwinterung und Verpuppung schlüpfen aus den Schneckenhäusern dann im Frühjahr die adulten Käfer. Ähnlich den Leuchtkäfern sind die Weibchen flügellos und sehen eigentlich wie eine Larve aus. Ihre eigenen Larven sind ähnlich wie die Schmetterlingsraupen behaart.

An den Lebensraum stellt der Schneckenräuber ähnliche Ansprüche wie die Glühwürmchen. Hinzu kommt, dass sie an das Vorkommen von leeren Schneckenhäusern gebunden sind. Larven und Weibchen besiedeln sie, die Larve überwintert darin zweimal, verpuppt sich also erst im Frühjahr des dritten Jahres. Während die Schneckenräuber-Männchen sich dann nicht mehr ernähren, tun das die erwachsenen, bis etwa zwei Zentimeter großen Weibchen sehr wohl – von Schnecken.

Aaskäfer und Scheinaaskäfer

Kot, Aas, faulende Pflanzenreste, Raupen, lebende Pflanzen – das ist das Nahrungsmetier der meisten Aaskäfer (*Silphidae*) und Scheinaaskäfer (*Agyrtidae*). Unter ihnen gibt es aber auch Arten, die es gezielt auf Schnecken abgesehen haben. Unter den Aaskäfern ist das vor allem der Schwarze Schneckenjäger (*Phosphuga atrata*). Am Tag versteckt er sich unter Moos und Baumrinde. Beide Käferfamilien teilen mit den ebenfalls auf den Verzehr von Schnecken spezialisierten Schaufelläufern (s. Seite 69) die günstige Bauweise ihres schmalen Kopfes, mit dem sie zum Fressen besonders tief in Schneckenhäuser und Schneckenkörper eindringen können.

NET/Matthias Lenke/Bildagentur Waldhäusl)

Außerdem besitzen sie noch eine weitere schreckliche Waffe: Mit einem speziellen, extrem sauren Sekret aus ihrer Verdauung sind sie in der Lage, die harte Kalkschale des Schneckenhauses wegzuätzen und sich so nicht nur durch die Gehäuseöffnung, sondern auch durch dessen Wand hindurch Zugang zum Schneckenfleisch zu verschaffen. Auch bei den Scheinaaskäfern gibt es eine auf Schneckenvertilgung spezialisierte Art, und zwar *Necrophilus subterraneus*. „Unterirdisch" („subterraneus") halten sie sich tagsüber auf: unter Steinen, in Erdlöchern und dergleichen mehr. Nachts durchstreifen sie ihr Revier und gehen hier in erster Linie auf Schneckenjagd.

Sie fliegen auf Schnecken

Als Hornfliegen bezeichnen Zoologen zusammenfassend die Zweiflügler-Gattungen der Familien Phaeomyiidae und Sciomyzidae. Dass verwirrenderweise der deutsche Name für beide Fliegenfamilien gemeinsam verwendet wird, hat eine einfache Bewandtnis. Bis vor etwa 20 Jahren wurden sie als nur eine Familie angesehen, dann aber getrennt. Knapp 150 Arten beider Familien leben in Mitteleuropa, etwa 90 davon hat man allein in Österreich nachgewiesen, in den Nachbarländern liegen die Zahlen ähnlich bis knapp darunter. Weil die Sciomyzidae-Hornfliegen praktisch ausschließlich vom Schneckenfang leben, setzt sich für sie allmählich die deutsche Bezeichnung Schneckenfliegen durch.

Hornfliegen bewohnen unterschiedliche Biotope. Sie kommen auf Kalktrockenrasen ebenso vor wie in schattigen Waldbiotopen bei Fließgewässern. *Ectinocera borealis* lebt sogar in subalpinen Hochstaudenfluren. Verschiedene Hornfliegen sind an das Vorkommen von Totholz gebunden, andere Arten an Pflanzengesellschaften mit Einbindung von Sauergräsern (Seggen).

Insgesamt sind seggenreiche Feuchtgebiete von Hornfliegen besonders beliebte Habitate, weil sie außerordentlich artenreich sind. Die Erforschung der Schneckenfliegen hat obendrein aufgezeigt, dass der Übergang von den landgebundenen (terrestischen) zu den wassergebundenen (aquatischen) Arten ohnehin fließend ist, nachdem einige Arten sowohl Wasserschnecken als auch Landschnecken parasitieren. Besonders zahlreich trifft man Hornfliegen in der Natur im Spätwinter und zeitigen Frühling an, etwa im März und April.

Speziell die Hornfliegen der Familie Sciomyzidae sind Schneckenfeinde: Die Larven vieler Gattungen parasitieren die Schnecken, und zwar auch Nacktschnecken, vor allem aber ihre Gehäuseschnecken. Versuche, Hornfliegen gezielt als Parasiten gegen Schnecken einzusetzen, haben – anders als der Einsatz von Fadenwürmern (s. Seite 77) gegen Schnecken – bislang nicht gegriffen.

Hundertfüßer als Helfer

Speziell gegen Schneckeneier und Jungschnecken sind Hundertfüßer (*Chilopoda*, auch Hundertfüßler) echte Helfer. Kurz vorweg zur leichteren Orientierung:

Hundertfüßer leben räuberisch – und das macht sie bei der naturnahen Schneckenbekämpfung so interessant. Diese Gliedertiere haben an jedem Körpersegment nur ein Beinpaar, bei den Diplopoda, den Tausendfüßern, sind es zwei. Zudem tragen die letzten drei Körpersegmente der Hundertfüßer keine Beinpaare und ihr ehemals vorderstes Beinpaar ist zu Kieferfüßen (Giftklauen, Maxillipeden) ausgebildet, welche jeweils eine Giftdrüse haben. Ähnlich Spinnen, injizieren sie damit Gift und Verdauungssekret in ihre Opfer, um sie zu töten, vorzuverdauen und anschließend auszusaugen. So ernähren sie sich zum Beispiel von kleinen Gliedertieren im Boden, wie Springschwänzen, aber auch von Ringelwürmern, genauer gesagt von Wenigborstern wie Enchytraen und Regenwürmern. Jungschnecken oder auch Schneckeneier verzehren sie ebenso, nicht zuletzt Blattläuse.

Weil diese Gliedertiere klein und räuberisch sind, erreichen sie in Nischen und Bodenspalten versteckte Schnecken recht gut und gelangen so auch an Schneckengelege. Um aber im Garten auf die in lockerem Waldboden verfügbare Individuendichte von 50 bis 300 Hundertfüßern pro Quadratmeter Spatenstichtiefe zu kommen, muss ein besonders lockerer und humusreicher Boden vorhanden sein, der unbedingt feucht sein muss. Aber eben diese benötigte Kombination von lockerem Substrat und Bodenfeuchte – beides ja auch Vorlieben von Schnecken im Garten – macht Hundertfüßer so interessant für die Schneckenbekämpfung.

Wer sich die Dienste des Hundertfüßers gegen Schnecken im Garten sichern will, muss auch mal Fünfe gerade sein lassen wenn es darum geht, Laubflächen penibel abzuräumen. (Foto: Arco Images/J. Meul/Bildagentur Waldhäusl)

Steinkriecher

Um Hundertfüßer im Garten noch besser begreifen zu können, bedarf es der Unterscheidung zwischen der Ordnung der Steinläufer (*Lithobiomorpha*) und der Ordnung der Erdläufer (*Geophiliomorpha*). Steinkriecher verkörpern in den Augen des Gartenfreundes quasi das typische Bild eines Hundertfüßers. Sie erreichen eine Länge von etwa drei Zentimetern, sind flach gebaut und damit sehr ritzengängig. Sie finden Steinläufer vornehmlich an der Bodenoberfläche, inklusive in verrottenden Baumstubben und zwischen Holz und Borke von größerem Totholz.

Erdläufer werden demgegenüber ein Drittel länger, sind wurmartig dünn gebaut und sehen schnurförmig, „wie ein lang gezogener Tausendfüßer", aus. Im lockeren Gartenboden findet man sie in bis zu 40 Zentimetern Tiefe, weswegen sie beispielsweise beim Umgraben von lockerem, stark mit Pflanzenresten oder auch Mist durchsetztem Boden öfters zutage befördert werden. Diese blinden Tiere können sich nämlich in solchem Boden eigenständig tiefer graben. Wenn sie dann ans Tageslicht geholt sind, ist das durchaus ein Malheur für die Bodenbiologie: Erdläufer betreiben Brutpflege und füttern ihre Jungen bis zu ihrer dritten Häutung.

Alle Hundertfüßer sind auf ein gleichmäßig feuchtes Kleinklima angewiesen. Erdläufer besitzen am hintersten Beinpaar sogenannte Porenfelder, durch deren Öffnungen sie in der Lage sind, Wasser aufzunehmen. Steinläufer hingegen besitzen diese Fähigkeit nicht. Sie müssen zum selben Zweck ein bestimmtes Organ aus dem Hinterleibsende ausstülpen.

Fadenwürmer – sie töten im Verborgenen

Fadenwürmer sind, wie es der Name bereits andeutet, fadenförmige Kleinstwürmer von nur wenigen Millimetern Länge. Sie werden verbreitet auch als Nematoden bezeichnet. Einer dieser Miniwürmer ist *Phasmarhabditis hermaphrodita*. Es gibt von ihm nur diesen zoologischen Namen, keinen deutschen. Er findet sich in der Natur beispielsweise auf Grasland, lebt aber auch im Kompost, in Laubabfällen, auf Aas und Schneckenkot. Dort frisst er außer Biomasse vor allem Bodenbakterien. Und genau das machen sich seit bereits 20 Jahren Profigärtner zunutze, um mit diesem Fadenwurm Nacktschnecken zu bekämpfen.

Phasmarhabditis hermaphrodita dringt über die Atemöffnung der Mantelhöhle in sein Opfer ein. Die von Nematoden infizierte Schnecke zeigt binnen weniger Tage eine deutliche Schwellung im Mantelbereich, weil sich die Nematode hier vermehrt.

Über ihren Kot setzen die Fadenwürmer verschiedene Bakterien ab. Diese beginnen nun durch ihre Ausscheidungen damit, die Schnecke lokal von innen her zu zersetzen. Bereits drei, vier Tage nach Beginn der Parasitierung, das haben Untersuchungen ergeben, stellt die Schnecke das Fressen um rund 90 Prozent und schließlich komplett ein.

Meist schon nach sechs bis zehn Tagen verendet die Schnecke. Die Nematoden verlassen danach den Schneckenkadaver und gehen erneut auf Schneckenjagd. Für Warmblüter sind übrigens weder die Nematoden noch die mit ihnen symbiotisch lebenden Bakterien gefährlich. Zudem kommt: *Phasmarhabditis*

Jedes Ei bedeutet potenziell ein neues Schleimtier. Der Schneckenversteher aber sieht es gelassen - vorausgesetzt, er kann im Garten viele Schneckeneier fressende Gliedertiere ansiedeln.
(Foto: Arco Images/O. Diez/Bildagentur Waldhäusl)

hermaphrodita lebt in einem engen Temperaturfenster von 5 bis 25 Grad Celsius, kann also im Körper von Mensch und Säugetier nicht überleben.

Parasitierungen

Phasmarhabditis hermaphrodita-Nematoden parasitieren bevorzugt Genetzte Ackerschnecken, aber auch die Gemeine und die Echte Gartenwegschnecke. Hinzu kommen parasitierte Jugendstadien der Großen Wegschnecke und der Kapuzinerschnecke sowie eher seltener parasitierte wie die Kleine Wegschnecke, Wald-Wegschnecke und der Wasserschnegel. Was die Parasitierung eben dieser bestimmten Arten im Jugendstadium beziehungsweise diejenige nicht bevorzugt angegangener Arten betrifft, so scheinen jeweils die Jungschnecken grundsätzlich besonders anfällig für den Befall zu sein, ältere Tiere hingegen unempfindlicher. *Phasmarhabditis hermaphrodita* wird gemeinhin als ungefährlich für heimische Gehäuseschnecken angesehen und tatsächlich werden diese offenbar kaum infiziert. Es ist aber belegt, dass auch die Garten-Bänderschnecke sowie Jungtiere verschiedener anderer Schneckenarten stellenweise von der Nematode mit erfasst wurden. Und weil dieser Fadenwurm auch im Gartenteich erwünschte Schnecken infizieren kann, wendet man ihn erforderlichenfalls nicht in unmittelbarer Nähe von Gartenteichen an.

Nematoden werden auch erfolgreich gegen zum Beispiel Dickmaulrüsslerlarven im Garten eingesetzt. Die Anwendung von *Phasmarhabditis hermaphrodita* ist damit vergleichbar und eine inzwischen ausgereifte Bekämpfungstechnik. Verglichen mit chemischer Schneckenbekämpfung, wirkt die Nematodenmethode ebenso schnell wie gründlich.

Nematoden ausbringen

Die Dauerstadien der Nematoden zur Ausbringung im Garten sind bei speziellen Anbietern erhältlich. Sie werden in Wasser eingerührt und mit der Gießkanne zwischen April und September (im Kleingewächshaus auch schon früher oder noch später) ausgebracht, sofern die Bodentemperatur zwischen 5 und 25 Grad Celsius liegt sowie der Boden feucht, aber nicht nass ist. Idealerweise geschieht die Bodenbeimpfung mit den Fadenwürmern drei bis vier Tage vor einer Aussaat oder Neupflanzung und bei bedecktem Himmel, weil für diese Nematode intensives UV-Licht tödlich ist. Bei entsprechend bedenklicher Wetterlage können die Larven nach dem Ausbringen sicherheitshalber mit einer Harke in die Bodenoberfläche leicht eingearbeitet werden. Frühzeitige Ausbringung im Jahr ist angeraten, um speziell die leichter zu infizierenden Jungschnecken beizeiten zu erwischen. Zur effektiveren Bekämpfung auch später schlüpfender Jungschnecken ist es obendrein sinnvoll, die Nematodenlarven während der Vegetationsperiode im Abstand mehrerer Wochen etwa dreimal auszubringen (gegen *Arion*-Arten jeweils in doppelter Dosis), um den Parasitierungsdruck zu erhöhen. Wird das Larvenpräparat nach Herstellerangaben korrekt verwendet, machen sich nach einfacher Dosierung rund 300 000 Nematoden pro Quadratmeter auf die Jagd nach Schnecken!

Spinnentiere auf Schneckenfang

Ein Weberknecht, der Schnecken frisst? Ungewöhnlich erscheint das nur demjenigen, der jetzt den zartgliedrigen, langbeinigen Gemeinen Weberknecht (*Opilio parietinus*) vor Augen hat. Begreiflicher wird das Ganze beim abermaligen Blick auf die zoologische Systematik: In der Klasse der Spinnentiere bilden die Weberknechte (Opiliones) eine eigene Ordnung, neben unter anderen den Webspinnen, den Milben – und den Skorpionen. Eben diese sind ja nicht wirklich zimperliche Räuber, die Beute bis hinauf zum Kleinsäuger attackieren. In den Kontext solcher Verwandtschaft gestellt und spätestens das ausgewachsene Tier vor Augen, traut man den Schneckenkankern (Ischyropsalidae) denn auch locker die Jagd auf Schnecken zu. Einer seiner in Mitteleuropa häufigsten und bekanntesten Vertreter, *Ischyropsalis hellwigi*, erreicht bei den Männchen etwa 6,5 Millimeter Länge. Die Weibchen werden gut 20 Prozent größer.

Über den Kopf der braun bis schwarz gefärbten Spinnentiere ragen die beiden Kieferklauen, die sogenannten Cheliceren, heraus, die mit einem Zentimeter länger als der Körper des Tieres sind. Die Cheliceren tragen an ihrem vorderen Ende bezahnte Scheren, die an die Zangen der Skorpione erinnern und mit denen die nächtlichen Jäger aus dem Körper der glitschigen Schneckenbeute Stücke herausreißen. *Ischyropsalis hellwigi* ist ein ausgesprochener Bergfreund: Mittelgebirgs- und Alpengebirgswälder sind sein Habitat und hier in kühlfeuchten Arealen bis 2000 Meter Höhe mit Laubstreu, Totholz und Steinen als Möglichkeiten zum Verbergen. Wohl nur in naturnahen Gärten solcher Lagen und mit den genannten „Einrichtungsgegenständen" sollte es gelingen, Schneckenkanker wie *Ischyropsalis hellwigi* auch an den Lebensraum Garten zu binden.

Schneckenkanker tragen ihren Namen zu Recht. Sie verspeisen gerne Schnecken.
(Foto: Fabrice Audier/Bios/OKAPIA)

Nutztiere als

Schneckenvertilger

Foto: Angelina S.../pixelio.de

Indische Laufenten sind zuverlässige Schneckenvertilger. (Foto: Martina Berg/fotolia.com)

Hühner und Laufenten

Theorie trifft auf Praxis: Sicher sind all die im Garten scharrenden Hühner und die munter durch ihn watschelnden Laufenten eifrige Schneckenvertilger. Aber ganz so idyllisch wie reich bebilderte Landromantik es vermitteln mag, verhält es sich dann leider doch nicht. Wenn Sie sich Geflügel als Jäger auf Gehäuse- und Nacktschnecken in Ihrem Garten grundsätzlich vorstellen können, müssen Sie vor deren Anschaffung genau abwägen, auf welchen Aufwand Sie sich im Hinblick auf den zu erwartenden Nutzen einlassen. Denn artgerechte Tierhaltung rund ums Jahr sind Sie dem Geflügel für seine Gegenleistungen schuldig – auch wenn es sich nur um „Leih-Enten" handelt.

Schneckeneier-Speise

Hühner sind in der Schneckenvertilgung doppelt günstig. Sie fressen Schnecken, einschließlich Gehäuseschnecken, aber auch deren Schneckengelege. Um das leisten zu können, müssen sie im Garten frei laufen, scharren und picken können. Das kollidiert mit dem Anspruch an einen sehr gepflegten Garten und passt eher zur naturnahen Gartenpflege. Der Platzbedarf der Hühner ist vergleichsweise gering, was sie auch für kleine Gärten geeignet macht.

Ein dicht schließendes Hühnerhaus ist für die Nachtunterbringung obligatorisch, auf einen Quadratmeter rechnet man dabei vier Hühner. Ist der Stall mit einem umzäunten Auslauf ausgestattet, benötigt ein Huhn mindestens zehn Quadratmeter Platz. Der Weide- und Jagdgang im Garten kommt dann noch dazu. Üblicherweise ist dieser Auslauf futtermäßig immer mit Beifütterung von Hühnerfutter verbunden, das im Winter Hauptmahlzeit ist. Die Platzangaben beziehen sich auf Hühner der Größenkategorie Legerassen, wie Altsteirer, Brakel, Sulmtaler, Friesen, Leghorn, Welsumer und Wyandotten. Die großen Fleischrassen brauchen etwa ein Drittel mehr Platz, Zwerghühner etwa ein Drittel weniger. Außerdem ist es erforderlich, sich mit den Rasseeigenschaften der gewünschten Hühner auseinanderzusetzen. Nicht nur deren optisches Erscheinungsbild zählt, sondern auch deren Wesen: Es gibt ruhigere und unruhigere Rassen, bewegungsfreudigere und weniger agile. Das müssen Sie zuvor mit Ihren Gartenverhältnissen und den möglichen Haltungsbedingungen abstimmen.

Schneckenzange? Entenschnabel!

Pinguinente, „lebende Rieslingflasche", Laufente, Indische Laufente – mit ihrer ungewöhnlich lotrechten Körperhaltung sind diese Enten buchstäblich „schräge Vögel". Das aber mit besonderer Anmutung, denn es ist eine wahre Augenweide, die Tiere durch den Garten stolzieren zu sehen, vor allem zusammen mit ihren Küken.

Mit Aufkommen der Ökobewegung hierzulande sind Indische Laufenten in den Achtzigerjahren des 20. Jahrhunderts abermals populär geworden – als Schneckenvertilger. Hier leisten sie ganze Arbeit, weil sie auch Wegschnecken verzehren, die von anderen Fressfeinden (ihres, wie es heißt, bitteren Geschmacks wegen) gemieden werden. Aus England kommend, waren die Sonderlinge bereits 100 Jahre zuvor schon einmal in Deutschland modern. In England war diese Entenrasse (Indian Runners Duck) seit dem frühen bis mittleren 19. Jahrhundert beliebt, wohin sie, aus China über Indien kommend gelangt war. In Indochina hingegen ist sie seit Jahrhunderten bekannt und in ihrer ulkigen Eigenart das Ergebnis ebenso langer Domestikation als Herdenente.

Ihren genetischen Ursprung hat die Indische Laufente in der Stockente (*Anas platyrhynchos*). Mit ursprünglich um die 250 Eier Jahres-Legeleistung, hat die legefreudige Indische Laufente selbst dem Haushuhn Konkurrenz gemacht. Heute ist diese Legeleistung züchtungsbedingt oftmals auf 150 bis unter 100 Eier pro Jahr zurückgegangen. Außer in Weiß und Wildfarbe gibt es Indische Laufenten auch in den gartenschmucken Farbschlägen Blau, Blaugelb, Braun, Erbsgelb, Forellenfarbig, Rehfarbig, Weißgescheckt, Silberwildfarbig und Schwarz.

Kükenparade auf Schneckenjagd.
(Foto: Thozi/fotolia.com

Schönheitsnorm

Laufenten haben sogar eine Schönheitsnorm. So fordern die Richtlinien des „Sondervereins der Laufentenzüchter Deutschlands": „Die Proportionen sollten 1/3 Hals und 2/3 Körper betragen. Die Augen sollten fast senkrecht über den Zehenspitzen liegen. Möglichst nur das erste Drittel der Zehen sollte auf dem Boden stehen."

Geflügel im Garten halten

Wenn Sie sich für geschnäbelte Schneckenkontrahenten entscheiden, müssen Sie entsprechend Ihrer Wohnlage zunächst einmal checken, ob diese Haustierhaltung bei Ihnen erlaubt ist. In reinen Wohngebieten nämlich kann eine Kommune die Hühnerhaltung untersagen oder unter Vorbehalte stellen. Auskunft erteilt Ihnen Ihre Kommunalbehörde beziehungsweise dort das „Amt für öffentliche Ordnung".

Hühner sind im naturnahen Garten eine Bereicherung. (Foto: Arco Images/Gary K. Smith/Bildagentur Waldhäusl)

Bedenken Sie, dass Geflügel für Geräuschkulissen sorgt: Der krähende Hahn, die gackernden Hennen, die quakenden Enten – es gibt Nachbarn, die sich selbst von Natursound belästigt fühlen. Zudem muss Ihr Grundstück gegen ausbrechendes Geflügel gesichert sein. Auch wenn die Vögel nach Akzeptanz ihres Stalles weitgehend standorttreu sind, reicht es mitunter für nachbarschaftlichen Ärger aus, wenn die Tiere über ihre Grundstücksgrenze hinausflattern oder -watscheln. Zudem soll das Grundstück so sicher eingezäunt sein, dass keine Katzen, Hunde, Füchse oder Marder eindringen können. Ein aufgescheuchtes Huhn oder eine gehetzte Ente flattern auch über einen 1,5 Meter hohen Zaun! Nachts muss der Stall allemal raubtier-, aber auch rattensicher sein. Gegen Greifvögel hilft nur eine Voliere – aber solcherlei geschlossene Geflügelhaltung steht in diesem Falle dem Auftrag der Tiere entgegen, das Grundstück frei von Schnecken zu halten.

Das sollten Sie bedenken

Bedenken Sie, dass die Tiere längst nicht vor allen Pflanzen Halt machen, etwa im Blumen- und Gemüsebeet nicht, wo sie zum Beispiel Salate abweiden. Erfahrungsgemäß machen sich Laufenten auch sehr gerne über die Teichbepflanzung her.

Hühner und Enten koten übrigens, wo sie gehen und stehen. In der Mauser wechseln sie komplett ihr Gefieder und auch davor und danach verlieren sie viele Federn. All das verschmutzt Ihren Garten und kann zu Beeinträchtigungen, etwa der Rasenflächen, aber auch der Pflaster- und Beetflächen führen. Hühner nehmen – wo immer für sie passend – gerne ein Sandbad, auch mitten im Beet.

Die Vögel fressen außerdem nicht allein Schnecken. Auch nützliches Kleingetier – vom Laufkäfer bis zum Regenwurm – wandert durch ihren Magen.

Je nach Gartengröße und damit Nahrungsangebot werden Sie Hühner- beziehungsweise Entenfutter beifüttern müssen, im Winter ohnehin. Ständig muss Trinkwasser für die Tiere parat stehen.

Allen Einschränkungen steht die Tatsache gegenüber, dass Laufenten exzellente Schneckenvertilger sind, inklusive Wegschneckenarten, sogar der Kapuzinerschnecke. Hühner machen sich vor allem über Klein-, Jung- und Gehäuseschnecken her und scharren Schneckengelege aus dem Boden. Die Eier picken sie begierig auf.

Leih-Enten

Bei allem Aufwand, den die Geflügelhaltung mit sich bringt, ist es naheliegend, sich Enten vorübergehend auszuleihen. Zusätzlich zur Pacht der Tiere müssen Sie dennoch den für sie geeigneten, oben kurz skizzierten Haltungsrahmen bereitstellen. Hier gilt es – Spaßfaktor unberücksichtigt –, klar gegenzurechnen: Was kostet die Gesamtaktion über einen möglichst langen Ausleihzeitraum hinweg. Die Tiere nur eine Woche lang auszuleihen, kann lediglich einmal die Spitze des Schneckenberges ausmerzen. Sinnvoller wäre der Scheckeneinsatz im gesamten Schneckenhalbjahr, von April bis Oktober, denn eine gefressene Schnecke schützt vor Neuzuwanderern nicht. Und wo nicht Wegschnecken, sondern eine Vielzahl von Jungschnecken das Gartenproblem sind, ist es möglicherweise sinnvoller, gegen sie – und bereits im Vorfeld die Schneckengelege – eine Schar Zwerghühner einzusetzen, denn Enten scharren keine Gelege frei.

Bei aller Geflügelbegeisterung sind die Vögel dort, wo sie im ländlichen Raum ohne großen Aufwand „einfach mitlaufen", möglicherweise am besten aufgehoben. In allen anderen Fällen ist es vergleichsweise weniger aufwändige, die Schnecken selber abzusammeln oder anderweitig anzugehen, als den Zeit- und Kostenaufwand für Schnecken fressende gefiederte Freunde zu betreiben.

Wenn Sie Laufenten halten, dann zumindest ein Paar beziehungsweise pro Erpel zwei bis drei Enten. Hühner können Sie ohne Hahn halten, in Gruppen zu fünf bis zehn Tieren. Enten haben eine Lebenserwartung von gut zehn Jahren, Hühner um sieben.

Wie viel Platz muss sein?

Für frei laufendes Geflügel müssen Sie, je nach Anzahl der Tiere, etwa 500 bis 1500 Quadratmeter an Platz einkalkulieren.

Eine geeignete

Pflanzenauswahl

(Foto: Hauser Steffen/Bildagentur Waldhäusl)

Untersuchungen aus England haben aufzeigen können, dass Nacktschnecken zu etwa vier Prozent ihrer Tageszeit damit beschäftigt sind, Nahrung aufzunehmen. 68 Prozent ihres Tages ruhen sie und den Rest sind sie „auf Achse". Wie finden sie unbesehen ihre Nahrungspflanzen? Wie Sie wissen, erfolgt bei Schnecken die Identifikation der Nahrungspflanzen wesentlich über den Geruch. In der Praxis zeigt sich, dass Gartenpflanzen wie *Hosta*, *Tagetes* und viele Salatsorten Schnecken besonders stark anziehen.

Andererseits häufig gemieden werden Pflanzen, deren Blätter gefiedert sind, die sukkulent, rau behaart oder rot gefärbt sind. Warum meiden Schnecken diese Pflanzen?

Hosta sind bei Schnecken sehr beliebt.
(Foto: oocoskun/fotolia.com)

Das ist leider noch nicht aussagekräftig erforscht. Es könnte beispielsweise sein, dass sie beim Erklimmen der gefiedert blättrigen Pflanzen weniger Halt finden. Sukkulente Pflanzen haben eine zu dicke Wachsschicht (Kutikula), die sie nicht abweiden mögen. Dasselbe gilt für rau behaarte Pflanzenteile.

Rotlaubige Pflanzen, wie rotblättrige Salatsorten, enthalten dazu noch den Blattfarbstoff Anthocyan in größerer Menge als grünlaubige. Es liegt vermutlich an dieser bitter schmeckenden Substanz, dass die Schnecken diese stark anthocyanhaltigen Blätter meiden. Übrigens sind auch Menschen empfänglich für Anthocyan-Geschmack: Es gibt Menschen, die bei Blattsalaten dunkellaubige Sorten wie den Pflücksalat \`Lollo rossa´, Kopfsalat \`Adrienne´, Salanova-Kopfsalat \`Seurat´ und Bataviasalat \`Teide´ ihrer aromatischen Bitternote wegen lieber oder aber weniger gerne verzehren.

Welche Gartenpflanzen von Schnecken lieber oder weniger gerne gefressen werden, dazu sind die Erfahrungen meist recht uneinheitlich. *Hosta*, *Tagetes* und viele Salatsorten sind aber unstrittig begehrt. Wenig bis gar kein Schneckenfraß an Gartenpflanzen wird aber von verschiedenen Gartenbesitzern in unterschiedlichen Regionen (wohl auch angesichts im Einzelnen diverser vorkommender Schneckenarten) uneinheitlich berichtet – zumal offenbar ein Unterschied besteht zwischen Fraß an Jungpflanzen und ausgewachsenen Pflanzen.

Trotzdem gibt es im Folgenden einen kurzen überblick über offenbar weitgehend weniger von Schnecken behelligte Gartenschätze, ohne freilich Gewähr und Anspruch auf Vollständigkeit.

Aussagen über angeblich schneckenresistente Pflanzen können nicht generell gegeben werden; mitunter werden sie doch von Schneckenarten angefressen. (Foto: Axel Gutjahr/fotolia.com)

Schneckenrobuste Kräuter

Bärlauch (*Allium ursinum*), Bergbohnenkraut (*Satureja montana*), Currykraut (*Helichrysum italicum*), Eberraute (*Artemisia abrotanum*), Echter Quendel (*Thymus pulegioides*), Feldthymian (*Thymus praecox*), Gewürzthymian (*Thymus vulgaris*), Knoblauch (*Allium sativum*), Lavendel (*Lavandula angustifolia*), Oregano (*Origanum majoranum*), Rosmarin (*Rosmarinus officinalis*), Salbei (*Salvia officinalis*), Sand-Thymian (*Thymus serpyllum*), Schnittlauch (*Allium schoeneprasum*), Estragon (*Artemisia dracunculus*), Weinraute (*Ruta graveolens*), Weißer Beifuß (*Artemisia ludoviciana alba*), Ysop (*Hyssopus officinalis*), Zitronenthymian (*Thymus citriodorus*).

Schneckenrobuste Stauden für sonnige Standorte

Alpenaster (*Aster alpinus*), Ballonblume (*Platycodon grandiflora*), Dachwurz (*Sempervivum-Arten*), Ehrenpreis (*Veronika*-Arten), Federnelke (*Dianthus pulmarius*), Fetthenne (*Sedum spurium*), Frauenmantel (*Alchemilla mollis*), Gamander (*Teucrium chamaedrys*), Gelbe Flockenblume (*Centaurea macrocephala*), Gelenkblume (*Physostegia virginiana*), Goldrute (*Solidago canadensis*), Heidenelke (*Dianthus deltoides*), Heiligenkraut (*Dianthus deltoides*), Lobelia (*Lobelia syphilitica, Lobelia-Hybriden*), Montbretie (*Crocosima masoniorum*), Nachtkerze (*Oenothera missouriensis*), Ochsenzunge (*Anchusa azurea*), Pfingstrose (*Paeonia lacti-*

flora), Römische Kamille (*Chamaemelum nobile*), Schafgarbe (*Achillea millefolium*), Scheinmohn (*Meconopsis betonicifolia* und *M. cambrica*), Schlangenkopf (*Chelone obliqua*), Schleierkraut / (*Gypsopholia-Arten*), Schopflavendel (*Lavendula stoechas*), Schwertlilie (*Iris germanica*), Sonnenbraut (*Helenium-Hybriden*), Sonnenröschen (*Helianthemum-Hybriden*), Spornblume (*Centranthus ruber*), Staudenphlox (*Phlox paniculata*), Steinbrech (*Saxifraga Arten*), Storchschnabel (*Geranium macrorrhizum* und *Geranium x magnificum*).

Schneckenrobuste Stauden für Schatten, Halb- und Wechselschatten

Akelei (*Aquilegia caerulea*), Astilbe (*Astillbe arendsii*), Christrose (*Helleborus niger*), Farne, zum Beispiel Straußfarn (*Matteuccia struthiopteris*), Gedenkemein (*Omphalodes verna*), Geißbart (*Aruncus diocius*), Goldmelisse (*Lamiastrum galeobdolon*), Immergrün (*Vinca minor*), Porzellanblümchen (*Saxifragia umbrosia*), Salomonssiegel (*Polygonatum biflorum*), Schaumblüte (*Tiarella cordifolia*), Sterndolde (*Astrantia major*), Tränendes Herz (*Dicentra spectabilis, D. eximia, D. flexuosa*).

Am feuchten Standort weitgehend schneckenfest sind:

- Kreuzkraut (*Liguria przewalskii*)
- Mädesüß (*Filipendula ulmaria*)
- Rosenprimel (*Primula rosea*)

Gemüse schneckenfrei genießen

Mangold, Rettiche, Rote Bete, Spinat und Zwiebeln meiden üblicherweise Schnecken.

Das Salomonssiegel (Polygonatum biflorum) rühren Schnecken nicht an. (Foto: Hauser Steffen/ Bildagentur Waldhäusl)

Schneckenschreck aus der Samentüte

Es muss nicht immer die fertige Pflanze sein. Gerade für pflegeleichte, flächig geplante Blütenfreuden im Garten eignet sich spezielles Saatgut aus der Samentüte. Verschiedene Hersteller bieten hier Saatgutmischungen aus Pflanzen an, die Schnecken schlichtweg schrecklich finden – sei es, dass sie diese nicht anknabbern mögen, sei es, dass sie sie als abscheulich empfinden und deswegen schleunigst in Gegenrichtung davonschleichen.

(Foto: Raffalo/fotolia.com)

Schlussbetrachtung

Was immer Sie gegen Schnecken in Ihrem Garten zu tun planen: Schnecken haben bereits Millionen Jahre ihrer Entwicklung hinter sich und es steht nicht zu erwarten an, dass sich langfristig betrachtet der Gärtner gegen die Natur wird durchsetzen können. Insofern kann Ihre Strategie gegen Schnecken nicht darauf abzielen, sie in Ihrem Garten ein für alle Mal zu vernichten, sondern lediglich, sich mit ihrer Existenz zu arrangieren und sie unterhalb der für ihre Gartennutzung individuell festzusetzenden Schadschwelle zu halten. Als Schneckenversteher gelingt Ihnen das mit Sicherheit besser – indem Sie erkennen, gegenüber welchen Schnecken Sie überhaupt vorgehen müssen und welche Sie kaum befürchten müssen (s. Kapitel 2).

Wo im Garten Schnecken stören, so das Eingangsversprechen, soll Ihnen dieses Buch aufzeigen, was Sie gegen sie ganz praktisch unternehmen können. Dazu haben Sie eine ganze „Batterie" an Basismaßnahmen kennengelernt (s. Kapitel 3), die allesamt ihre Einzelwirkung haben und die erforderlichenfalls vernetzt miteinander eine noch größere Wirkung erzielen. Besonders dann, wenn Sie sich auf die Förderung von natürlichen Fressfeinden der Schnecken in Ihrem Garten und Gartenumfeld einlassen (s. Kapitel 5) und Ihre Bekämpfungsmaßnahmen so wählen, dass Ihre „nützlichen Helfer" dabei geschont bleiben.

Die einzelne Schneckenart zu erkennen, zu wissen, wie sie lebt und „tickt", zu vergleichen, wie sie sich augenblicklich verhält und was dabei genau ihr Leben erleichtert oder aber erschwert, vielleicht sogar beendet: Mit diesem neuen Wissen fällt es nun einfacher als zuvor, Maßnahmen gegen Schnecken in Ihrem Garten auszuwählen und einzeln oder auch kombiniert, auf alle Fälle zielorientiert, anzuwenden. Während Nicht-Schneckenversteher sich mit Ausprobieren herumschlagen und sich von einer Einzelmaßnahme zur anderen hangeln (also lediglich taktisch vorgehen), sind Sie nun in der Lage, langfristig und vernetzt zu entscheiden und zu handeln – durch das selektiv sinnvolle Ineinandergreifen strategischer Maßnahmen zur rechten Zeit.

Wenn das Wetter Schneckenalarm nach sich zieht ist es an der Zeit, empfindliche Jungpflanzen im Gemüsebeet abzudecken. (Foto: tsach/fotolia.com)

Gärten schneckenunfreundlich gestalten

Indem Sie die Lebensweise von Schnecken verstanden haben (s. Kapitel 1) und von Buchkapitel zu Buchkapitel immer mehr zum Schneckenversteher geworden sind, sind Sie sich nunmehr bewusst, welche Sinnesleistungen diese für ihre Lebensweise brillant ausgestatteten Tiere vollbringen können. Das hat Ihnen möglicherweise das ursprüngliche Staunen über Schnecken zurückgegeben. Ganz sicher aber hat es Ihnen aufgezeigt, wie letztlich eng die ökologische Nische ist, in der Schnecken leben, und auf welche Habitate sie deswegen angewiesen sind.

Dieses Bewusstsein hilft Ihnen nun, nicht zuletzt mithilfe passender Pflanzenauswahl Ihren Garten so zu gestalten, dass er schneckenunfreundlich ist. Je naturnah angelegter und gelegener Ihr Garten dabei ist, desto herausfordernder wird das für Sie sein, weil von umliegenden Wiesen, Feldern, Rainen, Gewässerufern und sogar Nachbargärten die Gefahr ausgeht, dass Schnecken von dort aus zuwandern. Ihre erste Aufgabe wird es also sein, durch die Gestaltung des Gartenrandes (Schutzstreifen, Schneckenzaun) zunächst einmal die Zuwanderung von Schnecken zu vermindern oder zu verhindern. Luftfeucht, kalt und deswegen mit zahlreichen Schlupfwinkeln versehen, in einem solchen Umfeld wollen Schnecken zumeist leben. Indem Ihr Garten eben das möglichst wenig bietet beziehungsweise nur dort, wo es unter Ihrer Duldung und Beobachtung steht – und wo sich zudem natürliche Fressfeinde ansiedeln –, wird der Garten für die Mollusken umso wenigerwohnlicher sein.

Und gegenüber den dann noch verbliebenen Schnecken gilt es, die Tiere durch gezielte Kulturmaßnahmen auf den Beetflächen von ihren Nahrungspflanzen fernzuhalten, und sie durch gezielte gärtnerische Maßnahmen bis hin zur Bodenbearbeitung immer wieder aufs Neue zu stören. Je stärker sie unter Druck geraten, desto eher werden sie sich zum Rückzug in benachbarte Gefilde entschließen, denn was die Tiere durch ihre Sinneswahrnehmung in Ihren Garten geholt hat, beispielsweise der Duft von Nahrungspflanzen über größere Distanz, zieht sie aus dem schneckenunfreundlich gestalteten Garten auch wieder heraus. Diesen Druck erzeugen Sie also durch die Form Ihrer Gartengestaltung, Pflanzenauswahl und Ihres gärtnerischen Verhaltens zur rechten Zeit. Gärtnern Sie im ökologischen Gleichgewicht. Schnecken zu fangen und sie zu vernichten, sollte dabei Ausnahme und „Notwehr" bleiben.

Register

Impressum

avBUCH im Cadmos Verlag

Lektorat: Christine Weidenweber, Weibersbrunn, www.verbene.eu
Gestaltung und Satz: r2 | Ravenstein, Verden
Illustrationen: Julia Weidenweber, Berlin
Coverfoto: Lisa S./shutterstock.com

Druck: Westermann Druck, Zwickau

Deutsche Nationalbibliothek – CIP-Einheitsaufnahme
Die Deutsche Nationalbibliothek verzeichnet diese Publikation in der Deutschen Nationalbibliografie; detaillierte bibliografische Daten sind im Internet über http://dnb.ddb.de abrufbar.

Printed in Germany

ISBN: 978-3-8404-8111-6

Jessica Rohrbach
LAUFENTEN
128 Seiten, farbig, broschiert
ISBN 978-3-8404-3024-4

Johannes Käfer
SCHATTENPFLANZEN
80 Seiten, farbig, broschiert
ISBN 978-3-7040-2233-2

Christa Weinrich OSB
BIOLOGISCH GÄRTNERN
288 Seiten, farbig, gebunden
ISBN 978-3-8404-2408-4

Monika Biermaier/Ilse Wrbka-Fuchsig
KOMPOST UND DÜNGUNG
80 Seiten, farbig, broschiert
ISBN 978-3-7040-2157-1

Monika Biermaier/Ilse Wrbka-Fuchsig
KRÄUTER UND GEMÜSE
96 Seiten, farbig, broschiert
ISBN 978-3-7040-2342-1

Karl Ploberger
NATUR IM GARTEN
128 Seiten, farbig, broschiert
ISBN 978-3-7040-2343-8

Monika Biermaier
NÜTZLINGSQUARTIERE
80 Seiten, farbig, broschiert
ISBN 978-3-8404-8105-5

Christian Kubik
PFLANZENSCHUTZ
80 Seiten, farbig, broschiert
ISBN 978-3-7040-2329-2

Claudia Biermann
IGEL
96 Seiten, farbig, broschiert
ISBN 978-3-8404-8109-3

Bücher mit diesem Symbol sind auch als E-Book erhältlich.

av BUCH

avBuch im Cadmos Verlag GmbH
Möllner Straße 47 · 21493 Schwarzenbek
Telefon 04151 87 90 7-0 · Fax 04151 87 90 7-12
Besuchen Sie uns im Internet: **www.cadmos.de · www.cadmos.at**